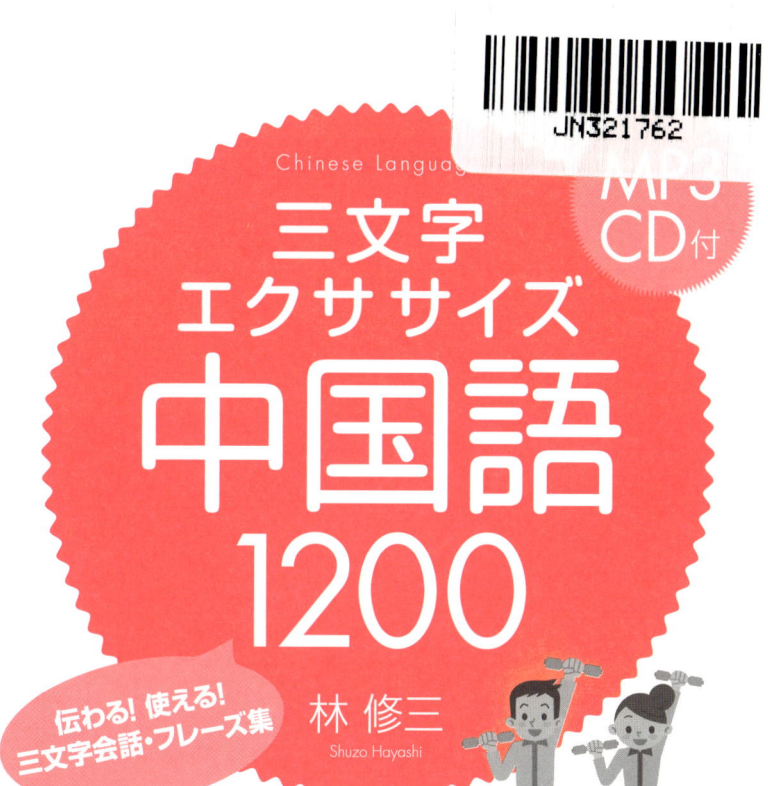

Chinese Languag

MP3 CD付

三文字
エクササイズ
中国語
1200

伝わる! 使える!
三文字会話・フレーズ集

林 修三
Shuzo Hayashi

東方書店

はじめに

　この本は基礎的な中国語学習を終了した方々の自習学習用教材として作りました。

　言わば一人で自主学習をする時の工具書のようなものです。

　1番から1200番までラインアップされた使用頻度の高い最小の会話文とフレーズで構成された「三文字」。この「三文字」のMP3音声を利用しての反復練習により、あなたの中国語能力は短時間で画期的に向上することでしょう。

　「三文字」自体は、大まかに難易度順に並べられていますが、どれも使用頻度の高いものばかりです。その内容はアトランダムですが、そのアトランダム的効果とも言うべき一種の緊張感が、漢字三文字で構成されている統一感と相俟って、中国語能力の向上に寄与します。その効果の程を是非ご自分でお試しあれ。

　構成
　第一部では1番から1200番までの「三文字」会話の習得訓練を行います。付属のMP3CDを使い、スポーツ感覚のエクササイズとしてお楽しみください。

　第二部ではラインアップされた1200個の「三文字」の中から、選びぬかれたものを「問う三文字」、「拒否する三文字」、「嘆く三文字」、「忠告する三文字」、「詫びる三文字」、「誉める三文字」、「要求する三文字」、「誘う三文字」、「喜ぶ三文字」、「励まし思いやる三文字」の10項目に分け、それぞれに10個ずつの「三文字」を配置しました。名づけて「最強の三文字100」です。

目次

はじめに……………………………………………………………………………… 3
「三文字」とは……………………………………………………………………… 6

第一部　三文字エクササイズ 1 ～ 1200 …………………………………… 7

第 1 節〈さぁ話そう!〉　　　　1 ～　120 …………………………………… 8
第 2 節〈基本は OK !〉　　　121 ～　240 ………………………………… 18
第 3 節〈まだ必須文〉　　　　241 ～　360 ………………………………… 28
第 4 節〈まだまだ必須〉　　　361 ～　480 ………………………………… 38
第 5 節〈立派に学習者〉　　　481 ～　600 ………………………………… 48
第 6 節〈いよいよ本番〉　　　601 ～　720 ………………………………… 58
第 7 節〈踏ん張りどころ〉　　721 ～　840 ………………………………… 68
第 8 節〈新語続出〉　　　　　841 ～　960 ………………………………… 78
第 9 節〈更に新語続出〉　　　961 ～ 1080 ………………………………… 88
第10節〈やったね!〉　　　 1081 ～ 1200 ………………………………… 98

第二部　最強の三文字 100 ………………………………………………… 109

問う三文字 ……………………………………………………………………… 110
拒否する三文字 ………………………………………………………………… 115
嘆く三文字 ……………………………………………………………………… 120
忠告する三文字 ………………………………………………………………… 125
詫びる三文字 …………………………………………………………………… 130
誉める三文字 …………………………………………………………………… 135
要求する三文字 ………………………………………………………………… 140
誘う三文字 ……………………………………………………………………… 145
喜ぶ三文字 ……………………………………………………………………… 150
励まし思いやる三文字 ………………………………………………………… 155

「三文字学習法」について ……………………………………………………… 160
あとがき ………………………………………………………………………… 165
一文字索引 ……………………………………………………………………… 166
日本語索引 ……………………………………………………………………… 196

トラック番号の表記について

第一部の音声は4つのバージョンで収録してあります。学習の進み具合によってお使い分け下さい。

01 日→中L ：日本語→中国語、スペースの間隔がロング（5秒程度）

21 中→日L ：中国語→日本語、スペースの間隔がロング（5秒程度）

41 日→中S ：日本語→中国語、スペースの間隔がショート（2秒程度）

61 中→日S ：中国語→日本語、スペースの間隔がショート（2秒程度）

MP3について

付属のMP3CDは、CDプレーヤーでは機種によって再生できない場合がございます。パソコンやMP3対応のCDプレーヤーでご利用ください。また、Windows Media Playerなどの音声再生ソフトを立ち上げても自動では読み込まれません。CDドライブを開き、ドラッグするなどして取り込んでください。

「三文字」とは

　中国語の大きな特徴の一つである「漢字」、この漢字三つから成り立つ会話文とフレーズを「三文字」と呼ぶことにします。「三文字」は、たとえ短くてもそれだけで十分に相手に意志を伝えることはもちろん、相手（中国人）の言う事も、概念の固まりとして聞こえてくるため、よく分かります。

　その上、「三文字」の中には中国語文法の様々なパターンも含まれているので、慣れてくれば、いろいろと応用もきいてくるのです。
　学習者は、それらを理解した上で暗記し、日本語から中国語、中国語から日本語という反復訓練を通じて、短くとも有効性の高い言葉を自分のものにしていくことができます。

　また、三文字は短いので、様々な声調パターンと拼音が聞き取りやすく、そのリズムとテンポが中国語の発音の音マネを容易にさせます。

　この本には1200個の三文字が、ゆるやかにその難易度順に並んでいます。そしてそれらに120個ずつ10組の区別を施しましたが、それは飽きがこないようにする為の学習上の便宜的なものであり、平たく言えば順番には何の脈絡もありません。禅問答のようですが、この「何の脈絡もない」からこそ効果的なのです。40年近く、このやり方で成果をあげてきました。どうぞ安心してアタックしてみて下さい。

　語学はスポーツ感覚です。語学をマスターするには理論も大事ですが、何よりもそれを踏まえた上でのエクササイズにその成否がかかっています。皆様の努力が実を結び、言葉を習得する喜びを感じられる日が来る事を祈っています。**碰一碰**！

第一部

三文字エクササイズ
1〜1200

第1節

最初のグループには主に基本的な使用頻度の高い三文字がラインナップされています。疑問文も多い。会話はキャッチボール。先ずは疑問文の球を投げかけてみよう。

1
怎么样？
Zěnmeyàng?

どうですか？

2
不吃饭。
Bù chī fàn.

食事をしない。

3
我去取。
Wǒ qù qǔ.

私が取りに行く。

4
您贵姓？
Nín guìxìng?

あなたのお名前は？

5
怎么办？
Zěnme bàn?

どうしよう？

6
都来了。
Dōu lái le.

みんな来た。

7
是谁的？
Shì shéi de?

誰のもの？

8
决定了。
Juédìng le.

決めました。

9
欢迎您！
Huānyíng nín!

ようこそ！

10
在哪里？
Zài nǎli?

①どこにいるの？
②どこにあるの？

11
生气了。
Shēngqì le.

怒った。

12
快五分。
Kuài wǔ fēn.

5分進んでいる。

13
去哪里?
Qù nǎli?

どこへ行くの？

14
吃什么?
Chī shénme?

何を食べる？

15
习惯了。
Xíguàn le.

慣れました。

16
上班去。
Shàngbān qu.

出勤する。

17
可以吗?
Kěyǐ ma?

いいですか？

18
开始吧!
Kāishǐ ba!

始めましょう！

19
吃晚饭。
Chī wǎnfàn.

晩ご飯を食べる。

20
他来吗?
Tā lái ma?

彼は来ますか？

21
怎么了?
Zěnme le?

どうしたの？

22
为什么?
Wèishénme?

なぜですか？

23
没有了。
Méiyǒu le.

なくなった。

24
叫什么?
Jiào shénme?

なんと言いますか。

25 拿出去。 Náchuqu. 持って出て行く。	26 有事(儿)吗? Yǒu shì(r) ma? (何か)用がありますか？	27 准备好。 Zhǔnbèihǎo. ちゃんと準備しなさい。
28 忘了吗? Wàngle ma? 忘れたの？	29 天亮了。 Tiānliàng le. 夜が明けた。	30 这么多。 Zhème duō. こんなにもたくさん。
31 太好了! Tài hǎo le! とてもいい！	32 对不起。 Duìbuqǐ. すみません。	33 我不去。 Wǒ bú qù. 私は行かない。
34 找什么? Zhǎo shénme? 何を探してるの？	35 辛苦了。 Xīnkǔ le. ご苦労様。	36 不行吗? Bù xíng ma? ダメですか？

37 干什么？ Gàn shénme? 何をするの？	*38* 多少人？ Duōshao rén? 何人ですか？	*39* 还不饿。 Hái bú è. まだお腹は空きません。
40 你找谁？ Nǐ zhǎo shéi? どなたにご用ですか？	*41* 哪一件？ Něi yí jiàn? どの事ですか？	*42* 怎么念？ Zěnme niàn? どう読むの？
43 听不懂。 Tīngbudǒng. ①聞き取れない。 ②聞いてわからない。	*44* 没什么。 Méi shénme. なんでもありません。	*45* 一样吗？ Yíyàng ma? 同じですか？
46 坏了吗？ Huài le ma? 壊れたの？	*47* 我头疼。 Wǒ tóuténg. 私、頭が痛い。	*48* 抽烟吗？ Chōu yān ma? タバコ吸いますか？

第1節

49 请坐吧。
Qǐngzuò ba.
どうぞ座って下さい。

50 不想吃。
Bù xiǎng chī.
食べたくない。

51 感冒了。
Gǎnmào le.
風邪をひいた。

52 我也去。
Wǒ yě qù.
私も行く。

53 什么事(儿)?
Shénme shì(r)?
なんのこと？

54 没看过。
Méi kànguo.
見たことがない。

55 一定去。
Yídìng qù.
必ず行く。

56 在家吗?
Zài jiā ma?
家にいますか？

57 没问题。
Méi wèntí.
問題はない。

58 快来吧!
Kuài lái ba!
早く来なさい！

59 真便宜!
Zhēn piányi!
本当に安い！

60 快躲开!
Kuài duǒkāi!
早くよけなさい！

02 日→中L
22 中→日L
42 日→中S
62 中→日S

61 到了吗? Dào le ma? 着きましたか？	62 有几个? Yǒu jǐ ge? いくつありますか？	63 要不要? Yào bu yào? 要りますか？
64 没关系。 Méi guānxi. ①関係がない。 ②なんでもない。	65 年纪小。 Niánji xiǎo. 年齢が若い。	66 会开车。 Huì kāi chē. 車を運転できる。
67 我走啦。 Wǒ zǒu la. ①私は出かけます。 ②帰ります。	68 很合适。 Hěn héshì. ぴったりだ。	69 你来了! Nǐ lái le! いらっしゃい！
70 完全对。 Wánquán duì. まったく、その通り。	71 还没吃。 Hái méi chī. まだ食べていない。	72 休息吧。 Xiūxi ba. ①休憩しましょう。 ②おやすみなさい。

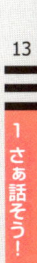

73 你们早! Nǐmen zǎo! みなさん、おはよう！	74 后天走。 Hòutiān zǒu. あさって行く。	75 我很忙。 Wǒ hěn máng. 私はとても忙しい。
76 请收下。 Qǐng shōuxia. お納め下さい。	77 坚持吧! Jiānchí ba! ①頑張り通そう！ ②続けよう！	78 开玩笑。 Kāi wánxiào. 冗談を言う。
79 别贪心! Bié tānxīn! 欲張るな！	80 不方便。 Bù fāngbiàn. 不便だ。	81 我赞成。 Wǒ zànchéng. 私は賛成です。
82 下雨呢。 Xià yǔ ne. 雨が降っている。	83 感兴趣。 Gǎn xìngqù. 興味を感じる。	84 有毛病。 Yǒu máobìng. 欠点がある。

85 请喝茶。 Qǐng hē chá. お茶をどうぞ。	**86** 不太冷。 Bú tài lěng. あまり寒くない。	**87** 等一等。 Děng yi děng. ちょっと待って。
88 知道了。 Zhīdao le. わかりました。 （承知しました）	**89** 来一瓶。 Lái yì píng. 一本下さい。	**90** 星期几? Xīngqī jǐ? 何曜日ですか？
91 咳嗽吗? Késou ma? 咳が出ますか？	**92** 得换车。 Děi huànchē. 車を乗り換えなくてはいけない。	**93** 下车吧。 Xiàchē ba. 車を降りましょう。
94 别着急! Bié zháojí! 慌てるな！	**95** 有多远? Yǒu duōyuǎn? どれくらい距離がありますか？	**96** 一直走。 Yìzhí zǒu. まっすぐ行く。

1 さあ話そう！

97 往南拐。 Wǎngnán guǎi. 南へ曲がる。	**98** 谢谢您。 Xièxie nín. ありがとうございます。	**99** 不用谢。 Búyòng xiè. どういたしまして。
100 好起来。 Hǎoqilai. よくなってくる。	**101** 请用吧! Qǐng yòng ba! 召し上がれ!	**102** 又来了。 Yòu lái le. ①また来た。 ②またそのことか。
103 不舒服。 Bù shūfu. 気分が悪い。	**104** 闹矛盾。 Nào máodùn. 仲たがいをする。	**105** 打电话。 Dǎ diànhuà. 電話をかける。
106 来电话。 Lái diànhuà. 電話がかかってくる。	**107** 接电话。 Jiē diànhuà. ①電話をつなぐ。 ②電話がつながる。	**108** 挂电话。 Guà diànhuà. 電話を切る。

109
尽量去。
Jǐnliàng qù.

出来るだけ行く。

110
几年级?
Jǐ niánjí?

何年生ですか?

111
给我吧。
Gěi wǒ ba.

私に下さい。

112
进来吧。
Jìnlai ba.

入ってきなさい。

113
比我强。
Bǐ wǒ qiáng.

私よりもましだ。

114
找着了。
Zhǎozháo le.

探し当てた。

115
刚来的。
Gāng lái de.

今来たばかりです。

116
打算去。
Dǎsuàn qù.

行くつもりです。

117
大两岁。
Dà liǎng suì.

2歳年上です。

118
戴眼镜。
Dài yǎnjìng.

めがねをかける。

119
明白了。
Míngbai le.

わかった。

120
我来了!
Wǒ lái le.

やぁ、こんにちは!

1 さぁ話そう!

第2節

代表的な－動詞＋名詞「目的語」－の動目フレーズがたくさん顔を出してきます。それから中国語の要の一つ補語が登場します。中でも可能補語が数多く現れて、どのような理由で「出来る」のか「出来ない」のかを語ります。

121
该你了。
Gāi nǐ le.

あなたの番です。

122
有把握。
Yǒu bǎwò.

自信がある。

123
钉钉子。
Dìng dīngzi.

釘を打つ。

124
扣扣子。
Kòu kòuzi.

ボタンをはめる。

125
画画儿。
Huà huàr.

絵を描く。

126
不用忙。
Búyòng máng.

急がなくていい。

127
不管用。
Bù guǎnyòng.

効き目がない。

128
说得好。
Shuōde hǎo.

話すのが上手。

129
没有带。
Méiyou dài.

①身につけていない。
②持ちあわせていない。

130
做衣服。
Zuò yīfu.

服を作る。

131
包饺子。
Bāo jiǎozi.

ギョーザを作る。

132
种蔬菜。
Zhòng shūcài.

野菜を作る。

133 写满了。 Xiěmǎn le. 書き満たす。	134 吓坏了。 Xiàhuài le. とてもびっくりした。	135 盖房子。 Gài fángzi. 家を建てる。
136 没意思。 Méi yìsi. 面白くない。	137 提意见。 Tí yìjiàn. 意見を出す。	138 看样子。 Kàn yàngzi. ①見たところ。 ②この様子だと。
139 俗话说。 Súhuà shuō. ①俗に言う。 ②いわゆる。	140 我嫌热。 Wǒ xián rè. 私は暑いのがいや。	141 使劲(儿)拉。 Shǐjìn(r) lā. 力いっぱい引っ張る。
142 随便坐。 Suíbiàn zuò. 自由に座る。	143 看情况。 Kàn qíngkuàng. 状況次第です。	144 分手吧。 Fēnshǒu ba. お別れしましょう。

第 2 節

145 不能来。 Bù néng lái. 来られない。	146 老实说。 Lǎoshi shuō. 正直に言うと。	147 穿裤子。 Chuān kùzi. ズボンをはく。
148 抱孩子。 Bào háizi. 子どもを抱く。	149 回头见！ Huítóu jiàn! また後で会おう！	150 考得上。 Kǎodeshàng. 試験に合格できる。
151 生病了。 Shēngbìng le. 病気になる。	152 讲卫生。 Jiǎng wèishēng. ①衛生を重んじる。 ②衛生に注意する。	153 我请客。 Wǒ qǐngkè. 私がおごります。
154 别理他。 Bié lǐ tā. 彼にかまわないで。	155 我敢去。 Wǒ gǎn qù. 私はあえて行く。	156 做报告。 Zuò bàogào. 報告をする。

157
打招呼。
Dǎ zhāohu.

挨拶をする。

158
倒计时。
Dàojìshí.

カウントダウンをする。

159
临走时。
Línzǒu shí.

出かけ際に。

160
车很挤。
Chē hěn jǐ.

①車が混む。
②車内が混む。

161
很认真。
Hěn rènzhēn.

とてもまじめだ。

162
动脑筋。
Dòng nǎojīn.

頭を働かせる。

163
差不多。
Chàbuduō.

①大差ない。
②大体同じ。

164
自己来。
Zìjǐ lái.

自分でする。

165
喝干了。
Hēgān le.

飲みほした。

166
做晚饭。
Zuò wǎnfàn.

夕食を作る。

167
别迟到。
Bié chídào.

遅れるな。

168
看电视。
Kàn diànshì.

テレビを見る。

169
走过去。
Zǒuguoqu.

①通り過ぎる。
②歩いて遠ざかっていく。

170
起得早。
Qǐde zǎo.

起きるのが早い。

171
走着去。
Zǒuzhe qù.

歩いて行く。

172
进步快。
Jìnbù kuài.

進歩が速い。

173
放心吧!
Fàngxīn ba!

安心して!

174
错不了。
Cuòbuliǎo.

間違うはずがない。

175
打听路。
Dǎting lù.

道を尋ねる。

176
不怕冷。
Bú pà lěng.

寒がらない。

177
刮风呢。
Guā fēng ne.

風が吹いている。

178
写信呢。
Xiě xìn ne.

手紙を書いている。

179
没看完。
Méi kànwán.

読み終えていない。

180
赶得上。
Gǎndeshàng.

①間に合う。
②追いつくことができる。

181 水平高。 Shuǐpíng gāo. レベルが高い。	*182* 很高兴。 Hěn gāoxìng. とても嬉しい。	*183* 他哭了。 Tā kū le. 彼は泣いた。
184 笑话人。 Xiàohua rén. 人をあざける。	*185* 想不到。 Xiǎngbudào. ①思いもよらない。 ②予想が出来ない。	*186* 想不出。 Xiǎngbuchū. ①(考えが)浮かばない。 ②思いつかない。
187 想不开。 Xiǎngbukāi. 諦めきれない。 (気持ちをふっきれない。)	*188* 试试看。 Shìshi kàn. 試してみる。	*189* 吃不了。 Chībuliǎo. 食べきれない。 (量が多すぎて)
190 吃不得。 Chībude. 食べてはいけない。 (有毒・衛生状態が悪くて)	*191* 吃不惯。 Chībuguàn. 食べ慣れない。	*192* 吃不开。 Chībukāi. ①モテない。 ②ウケない。

193
查词典。
Chá cídiǎn.

辞書をひく。

194
打开书。
Dǎkāi shū.

本を開く。

195
注射吧。
Zhùshè ba.

注射をしましょう。

196
天晴了。
Tiān qíng le.

晴れました。

197
雨住了。
Yǔ zhù le.

雨が止んだ。

198
看不见。
Kànbujiàn.

見えない。

199
受不了。
Shòubuliǎo.

耐えられない。

200
让我去。
Ràng wǒ qù.

私に行かせて。

201
多伟大！
Duō wěidà!

なんと偉大な！

202
灯灭了。
Dēng miè le.

灯りが消えた。

203
忍不住。
Rěnbuzhù.

こらえきれない。

204
齐声说。
Qíshēng shuō.

声をそろえて言う。

205
怕什么！
Pà shénme!

何を恐れようか、
怖くない！

206
买不起。
Mǎibuqǐ.

（お金がなくて）
買えない。

207
不在行。
Bú zàiháng.

素人。

208
看不起。
Kànbuqǐ.

軽蔑する。

209
有的是。
Yǒudeshì.

いくらでもある。

210
更好了。
Gèng hǎo le.

さらによくなった。

211
没办法。
Méi bànfǎ.

仕方がない。

212
张嘴说。
Zhāngzuǐ shuō.

口を開けて話す。

213
不好听。
Bù hǎotīng.

聞き苦しい。

214
忙生产。
Máng shēngchǎn.

生産に勤しむ。

215
修好了。
Xiūhǎo le.

①（土木的事業を）
　ちゃんとやる。
②修理ができた。

216
学雷锋。
Xué Léi Fēng.

雷鋒に学べ。

217
送回去。
Sònghuiqu.

返す。

218
转一圈(儿)。
Zhuàn yìquān(r).

一回りする。

219
打哈欠。
Dǎ hāqian.

あくびをする。

220
晒太阳。
Shài tàiyáng.

日光浴をする。

221
弄错了。
Nòngcuò le.

間違えた。

222
也许来。
Yěxǔ lái.

来るかもしれない。

223
哪个好?
Něige hǎo?

どれがいいですか?

224
多大了?
Duōdà le?

何歳ですか?

225
商量了。
Shāngliang le.

相談した。

226
笑眯眯。
Xiào mīmī.

ニコニコ笑う。

227
亲一亲。
Qīn yi qīn.

①キスをする。
②ほおずりをする。

228
了不起!
Liǎobuqǐ!

すばらしい!

229
闹肚子。
Nào dùzi.

お腹をこわす。

230
爱出汗。
Ài chū hàn.

汗っかきである。

231
你真严。
Nǐ zhēn yán.

あなたは本当に厳しい。

232
向他学。
Xiàng tā xué.

彼に学べ。

233
够不够?
Gòu bu gòu?

足りますか？

234
念大学。
Niàn dàxué.

大学で学ぶ。

235
不合理。
Bù hélǐ.

合理的でない。

236
不相信。
Bù xiāngxìn.

信じない。

237
吃饱了。
Chībǎo le.

①ごちそうさま。
②お腹いっぱい食べました。

238
我饿了。
Wǒ è le.

私はお腹が空きました。

239
几点钟?
Jǐ diǎn zhōng?

何時ですか？

240
快到了。
Kuài dào le.

まもなく着きます。

第3節

まだまだ続く必須会話文ですが、様々な前置詞や助動詞も加わって賑やかなラインナップです。

241 吃惊了。 Chījīng le. 驚いた。	242 有希望。 Yǒu xīwàng. 見込みがある。	243 没错儿。 Méi cuòr. 間違いがない。
244 有影响。 Yǒu yǐngxiǎng. 影響がある。	245 有礼貌。 Yǒu lǐmào. 礼儀正しい。	246 学校见。 Xuéxiào jiàn. 学校で会いましょう。
247 比方说。 Bǐfang shuō. 例えて言うと。	248 很好找。 Hěn hǎo zhǎo. さがしやすい。	249 好贵呀！ Hǎo guì ya! (値段が)高いナ！
250 真奇怪！ Zhēn qíguài! 本当に不思議！	251 运气好。 Yùnqi hǎo. 運がよい。	252 去三天。 Qù sān tiān. 三日間行く。

253
没都来。
Méi dōu lái.

みんな来たわけではない。
（一部来なかった）

254
不像话!
Bú xiànghuà!

①なってない！
②くだらない！

255
对我好。
Duì wǒ hǎo.

私に親切。

256
站住了。
Zhànzhù le.

立ち止まった。

257
花谢了。
Huā xiè le.

花が散った。

258
住院了。
Zhù yuàn le.

入院した。

259
只管说。
Zhǐguǎn shuō.

かまわずに話す。

260
那不会。
Nà bú huì.

そんなはずはない。

261
交给你。
Jiāogei nǐ.

①あなたに任す。
②あなたに手渡す。

262
别担心。
Bié dānxīn.

気にするな。

263
没人管。
Méi rén guǎn.

誰もかまってくれない。

264
佩服他。
Pèifu tā.

彼に敬服する。

第3節

265 有约会。 Yǒu yuēhuì.	266 摘果子。 Zhāi guǒzi.	267 没急事。 Méi jíshì.
会う約束をする。	果物を採る。	急用ではない。

268 脱大衣。 Tuō dàyī.	269 请原谅。 Qǐng yuánliàng.	270 请忙吧。 Qǐng máng ba.
コートを脱ぐ。	どうかお許し下さい。	どうぞおかまいなく。

271 打听谁? Dǎting shéi?	272 个子高。 Gèzi gāo.	273 借借光。 Jièjieguāng.
誰をお訪ねですか?	背が高い。	ちょっとお願いします。

274 麻烦您。 Máfan nín.	275 打搅您。 Dǎjiǎo nín.	276 应该做。 Yīnggāi zuò.
ご面倒をおかけします。	お邪魔します。	するべきです。

277 **很严重。** Hěn yánzhòng. とてもひどい。 （病気、災害などが）	*278* **的确好。** Díquè hǎo. 確かによい。	*279* **依我看。** Yī wǒ kàn. 私の考えによると。
280 **在我看。** Zài wǒ kàn. 私の立場では。	*281* **风停了。** Fēng tíng le. 風が止んだ。	*282* **印象深。** Yìnxiàng shēn. 印象深い。
283 **多两倍。** Duō liǎng bèi. 3倍になる。	*284* **开夜车。** Kāi yèchē. 徹夜する。	*285* **马上去。** Mǎshàng qù. すぐに行きます。
286 **发高烧。** Fā gāoshāo. 高熱を出す。	*287* **跳起来。** Tiàoqilai. 飛びあがる。	*288* **容得下。** Róngdexià. 入る余地がある。

3 まだ必須文

第3節

289 胆子大。 Dǎnzi dà. 肝っ玉が大きい。	290 加汽油。 Jiā qìyóu. ガソリンを入れる。	291 关上门。 Guānshang mén. ドアをきっちり締める。
292 要几天？ Yào jǐ tiān? 何日間かかりますか？	293 三比零。 Sān bǐ líng. 3対0。	294 帮你拿。 Bāng nǐ ná. お持ちしましょう。
295 办喜事。 Bàn xǐshì. 結婚式をする。	296 穿过路。 Chuānguo lù. 道を横切る。	297 去买书。 Qù mǎi shū. 本を買いに行く。
298 五米长。 Wǔ mǐ cháng. 長さ5メートル。	299 少一个。 Shǎo yí ge. 一つ少ない。	300 不小了。 Bù xiǎo le. 大きくなった。

301 爱下雨。 Ài xiàyǔ. 雨が降りがちです。	*302* 您先上。 Nín xiān shàng. お先にどうぞ。 （バス、エレベーター等で）	*303* 出了名。 Chūle míng. 有名になる。
304 有工夫。 Yǒu gōngfu. 暇がある。	*305* 生炉子。 Shēng lúzi. ストーブをつける。	*306* 咽下去。 Yànxiaqu. 飲みくだす。
307 结束了。 Jiéshù le. 終わった。	*308* 摆摆手。 Bǎibaishǒu. 手を横にふる。 （拒否を表す）	*309* 他劝我。 Tā quàn wǒ. 彼は私に忠告する。
310 有信心。 Yǒu xìnxīn. ①信仰心がある。 ②自信がある。	*311* 脑子笨。 Nǎozi bèn. 頭が悪い。	*312* 配眼镜。 Pèi yǎnjìng. メガネをあつらえる。

313 早来了。 Zǎo lái le.	314 有人吗? Yǒu rén ma?	315 大家谈! Dàjiā tán!
とっくに来ている。	誰かいますか?	皆さん話しましょう!
316 是不是? Shì bu shì?	317 可不是! Kě bú shi!	318 真不巧! Zhēn bù qiǎo!
そうでしょう?	そうですとも!	本当に間が悪い!
319 祝贺您! Zhùhè nín!	320 有责任。 Yǒu zérèn.	321 都怪我。 Dōu guài wǒ.
おめでとうございます!	責任がある。	みんな私のせい。
322 去晚了。 Qù wǎn le.	323 我就来。 Wǒ jiù lái.	324 菜凉了。 Cài liáng le.
行ったら遅すぎた。	私はすぐに行きます。	料理が冷めた。

325
多糟糕!
Duō zāogāo!

しまった！

326
有道理。
Yǒu dàolǐ.

道理がある。

327
不甘心。
Bù gānxīn.

甘んじない。

328
不放心。
Bú fàngxīn.

安心できない。

329
好得很。
Hǎo dehěn.

とても良い。

330
我最小。
Wǒ zuì xiǎo.

私が一番年下。

331
猜猜看。
Cāicai kàn.

当ててみて。

332
离开家。
Líkāi jiā.

家を離れる。

333
数一数。
Shǔ yi shǔ.

ちょっと数えてみる。

334
愿意去。
Yuànyì qù.

行きたいと願う。

335
等他来。
Děng tā lái.

彼が来るのを待つ。

336
安排好。
Ānpáihǎo.

①ちゃんとセッティングする。
②準備を整える。

第3節

337
递给他。
Dìgei tā.

彼に手渡す。

338
有意义。
Yǒu yìyì.

意義がある。

339
做梦了。
Zuòmèng le.

夢をみた。

340
别误会。
Bié wùhuì.

誤解しないで下さい。

341
自满了。
Zìmǎn le.

①うぬぼれた。
②自信満々。

342
别上当。
Bié shàngdàng.

騙されるな。

343
做得了。
Zuòdeliǎo.

やり通すことが出来る。

344
不得了。
Bùdéliǎo.

①大変だ。
②どうしようもない。

345
不及他。
Bù jí tā.

彼にはおよばない。

346
他才走。
Tā cái zǒu.

彼は今行ったところです。
※"刚才"の"才"

347
常常来。
Chángcháng lái.

しばしば来る。

348
趁热喝。
Chènrè hē.

熱いうちに飲む。

349 别催他。 Bié cuī tā. 彼をせかすな。	**350** 算了吧。 Suàn le ba. やめにしましょう。	**351** 跟他借。 Gēn tā jiè. 彼に借りる。
352 做榜样。 Zuò bǎngyàng. お手本にする。	**353** 咬指甲。 Yǎo zhǐjia. 爪を咬む。	**354** 顺便买。 Shùnbiàn mǎi. ついでに買う。
355 太沉了！ Tài chén le! とっても重い！	**356** 过生日。 Guò shēngrì. 誕生日を祝う。	**357** 看病去。 Kànbìng qu. 病気をみてもらいに行く。
358 挑好的。 Tiāo hǎo de. よいものを選ぶ。	**359** 你别吹！ Nǐ bié chuī! あなたホラを吹かないで！	**360** 别逗人！ Bié dòu rén! からかうな！

第4節

頻度の高い会話文に混じって、使役や受身、可能補語の色々に、「別〜」の数々。
バラエティーに富んできました。

361
叫他来!
Jiào tā lái!

①彼を来させて!
②彼を呼んできて!

362
你真行!
Nǐ zhēn xíng!

君カッコイイ!

363
不都对。
Bù dōu duì.

全て正しいとは限らない。

364
订半年!
Dìng bàn nián!

半年間予約する。

365
怪不得!
Guàibude!

なるほど!

366
不答应。
Bù dāying.

①応じない。
②認めない。

367
就这样。
Jiù zhèiyàng.

そう、その調子!

368
快撒手。
Kuài sāshǒu.

急いで手を離す。

369
亲眼看。
Qīnyǎn kàn.

この目で見る。

370
别勉强。
Bié miǎnqiǎng.

無理をしないで。

371
退色了。
Tuìsè le.

色がさめる。

372
不如意。
Bù rúyì.

思う通りにならない。

373 有用处。 Yǒu yòngchù. 役に立つ。	**374** 力量大。 Lìliàng dà. ①(抽象的な)力が大きい。 ②能力がある。	**375** 静一点(儿)！ Jìng yìdiǎn(r)! お静かに！
376 装知道。 Zhuāng zhīdao. 知ったふりをする。	**377** 受欢迎。 Shòu huānyíng. 評判がいい。	**378** 别张罗。 Bié zhāngluo. お構いなく。 (主人のもてなしに対して)
379 小意思。 Xiǎoyìsi. ほんの気持ちです。	**380** 不说谎。 Bù shuōhuǎng. 嘘は言わない。	**381** 口渴了。 Kǒu kě le. 喉がかわいた。
382 来两份。 Lái liǎng fèn. 2人前下さい。	**383** 连皮吃。 Lián pí chī. 皮まで食べる。	**384** 我来付。 Wǒ lái fù. 私が払います。

385 中意吗? Zhòngyì ma? 気に入りましたか？	386 很难过。 Hěn nánguò. ①非常に辛い。②悲しい。	387 当然了。 Dāngrán le. 当然です。
388 说实话。 Shuō shíhuà. 本当の話をする。	389 见过吗? Jiànguo ma? お会いしたことがありますか？	390 水开了。 Shuǐ kāi le. お湯が沸いた。
391 论斤卖。 Lùn jīn mài. はかり売り。	392 扣一成。 Kòu yì chéng. 一割引。	393 请邮寄。 Qǐng yóujì. 郵送して下さい。
394 真倒霉。 Zhēn dǎoméi. バカをみた。	395 看着买。 Kànzhe mǎi. みはからって買う。	396 太可惜! Tài kěxī! おしいですネ！

397 照相吧！ Zhàoxiàng ba! 写真を撮りましょう！	398 准时到。 Zhǔnshí dào. 時間通りに着く。	399 别灰心。 Bié huīxīn. がっかりしないで。
400 别吃醋。 Bié chīcù. やきもちを妬くな。	401 别大意。 Bié dàyi. うっかりするな。	402 靠不住。 Kàobuzhù. あてにならない。
403 住几天？ Zhù jǐ tiān? 何日ご滞在ですか？	404 合不来。 Hébulái. 気が合わない。	405 丢脸了。 Diūliǎn le. 面目をなくす。
406 太厉害。 Tài lìhai. ①とてもひどい。②とてもすばらしい。	407 请吃药。 Qǐng chī yào. 薬を飲んで下さい。	408 过奖了。 Guòjiǎng le. ほめすぎです。

第4節

409
学会了。
Xuéhuì le.

マスターした。

410
加油吧!
Jiāyóu ba!

ガンバレ!

411
我老大。
Wǒ lǎodà.

私は長男(長女)です。

412
显得老。
Xiǎnde lǎo.

老けてみえる。

413
反复说。
Fǎnfù shuō.

繰返し言う。

414
未必吧!
Wèibì ba!

①まさか!
②そうでしょうか!

415
嗓子好。
Sǎngzi hǎo.

喉(声、歌)がいい。

416
还早呢!
Hái zǎo ne!

まだ早いよ!

417
没志气。
Méi zhìqì.

意気地がない。

418
吃不消。
Chībuxiāo.

耐えられない。
(体力的に)

419
有滋味。
Yǒu zīwèi.

味わいがある。

420
早知道。
Zǎo zhīdao.

とっくに知っている。

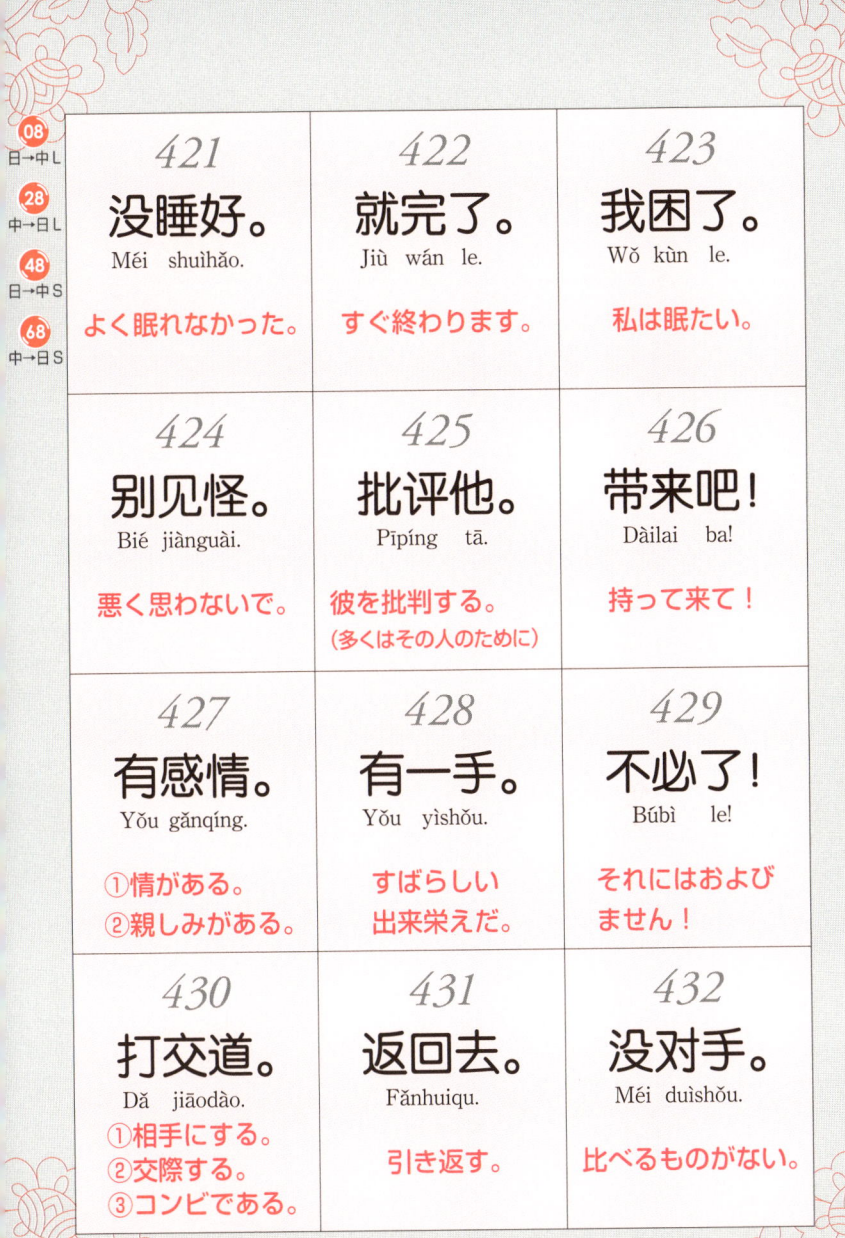

421 没睡好。 Méi shuìhǎo. よく眠れなかった。	422 就完了。 Jiù wán le. すぐ終わります。	423 我困了。 Wǒ kùn le. 私は眠たい。
424 别见怪。 Bié jiànguài. 悪く思わないで。	425 批评他。 Pīpíng tā. 彼を批判する。（多くはその人のために）	426 带来吧！ Dàilai ba! 持って来て！
427 有感情。 Yǒu gǎnqíng. ①情がある。 ②親しみがある。	428 有一手。 Yǒu yìshǒu. すばらしい出来栄えだ。	429 不必了！ Búbì le! それにはおよびません！
430 打交道。 Dǎ jiāodào. ①相手にする。 ②交際する。 ③コンビである。	431 返回去。 Fǎnhuiqu. 引き返す。	432 没对手。 Méi duìshǒu. 比べるものがない。

433
很和蔼。
Hěn hé'ǎi.

①とても穏やかである。
②とても優しい。

434
只好去。
Zhǐhǎo qù.

仕方なく行く。

435
怎么行！
Zěnme xíng!

どうしていいでしょうか、ダメです！

436
亲笔写。
Qīnbǐ xiě.

直筆で書く。

437
很吃香。
Hěn chīxiāng.

①好まれている。
②人気がある。

438
不要紧。
Bú yàojǐn.

大丈夫。

439
很丰富。
Hěn fēngfù.

とても豊か。

440
很地道。
Hěn dìdao.

正真正銘である。

441
没有数(儿)。
Méi yǒushù(r).

成算がない。

442
后悔了。
Hòuhuǐ le.

後悔した。

443
被打了。
Bèi dǎ le.

殴られた。

444
错机会。
Cuò jīhuì.

機会を逸する。

445 说一番。 Shuō yì fān. ①一通り話す。 ②くどくどと言う。	**446** 你不配。 Nǐ bú pèi. ①君は生意気だ。 ②ふさわしくない。	**447** 找他去。 Zhǎo tā qu. ①彼を探しに行く。 ②彼を訪ねる。
448 得了吧。 Dé le ba. ①わかりました。 ②もうやめましょう。	**449** 有多重? Yǒu duō zhòng? どの位の重さ ですか？	**450** 没说错。 Méi shuōcuò. 言い間違えて いない。
451 陪你去。 Péi nǐ qù. あなたについて 行きます。	**452** 要大的。 Yào dà de. 大きいものを下さい。	**453** 没我多。 Méi wǒ duō. 私ほど多くない。
454 我就是。 Wǒ jiù shì. 私がそうです。	**455** 别当真! Bié dàngzhēn! 真に受けるな！	**456** 很紧张。 Hěn jǐnzhāng. とても忙しい。 (時間的に緊迫して)

4 まだまだ必須

457 我没去。 Wǒ méi qù. 私は行かなかった。	**458** 听后写。 Tīng hòu xiě. 聞いた後に書く。	**459** 值得看。 Zhídé kàn. 見る価値がある。
460 很亲切。 Hěn qīnqiè. ①心あたたかい。 ②なつかしい。	**461** 不记得。 Bú jìde. 覚えていない。	**462** 任他做。 Rèn tā zuò. 彼のしたいようにさせる。
463 有看头。 Yǒu kàntou. 見どころがある。 (芝居、映画、観光地等)	**464** 很顺利。 Hěn shùnlì. とても順調。	**465** 美极了！ Měi jíle! きれいだナァ！
466 去接人。 Qù jiē rén. 人を迎えに行く。	**467** 好多了。 Hǎo duōle. ずっとよくなった。	**468** 比较忙。 Bǐjiào máng. 比較的忙しい。

469 请点菜。 Qǐng diǎncài. 料理を選んで下さい。	*470* 背英文。 Bèi Yīngwén. 英文を暗記する。	*471* 不讲理。 Bù jiǎnglǐ. 無茶苦茶だ。
472 摆架子。 Bǎi jiàzi. 威張る。	*473* 走后门。 Zǒu hòumén. ①裏口入学をする。 ②裏取引をする。	*474* 没想到。 Méi xiǎngdào. 思いつかなかった。
475 天阴了。 Tiān yīn le. 空が曇った。	*476* 流鼻涕。 Liú bíti. 鼻水をながす。	*477* 比一比。 Bǐ yi bǐ. ちょっと比べる。
478 可能去。 Kěnéng qù. ①行くかもしれない。 ②行くことができる。	*479* 真娇气。 Zhēn jiāoqì. 軟弱である。	*480* 放暑假。 Fàng shǔjià. 夏休みになる。

第5節

ここでも大事な様々な表現の三文字が登場します。ここまでくると中国語の学習者としては一人前。いよいよ奥深い中国語の世界へ足を踏み入れる事になっていきます。

481
快又好。
Kuài yòu hǎo.

早くてよい。

482
算一个。
Suàn yí ge.

一つとみなす。

483
跟我说。
Gēn wǒ shuō.

①私に言って。
②私の後について言って。

484
真够劲(儿)。
Zhēn gòujìn(r).

①程度が高い。
②きつい、強い。(酒、タバコ)

485
没的说！
Méide shuō!

①かまいませんよ！
②とんでもございません！

486
卖光了。
Màiguāng le.

売り切れた。

487
去就去！
Qù jiù qù!

①行くなら行け！
②行きたきゃ行きます！

488
给我买。
Gěi wǒ mǎi.

私のために買って。

489
要倒了。
Yào dǎo le.

倒れそうだ。

490
吃食堂。
Chī shítáng.

食堂で食べる。

491
挺好玩(儿)。
Tǐng hǎowán(r).

①すごく面白い。
②すごくかわいい。

492
请慢走！
Qǐng mànzǒu!

どうぞお気をつけて！
(お帰り下さい)

493
别送了。
Bié sòng le.

送らないで下さい。
(帰り際、見送りを受けた時)

494
不简单!
Bù jiǎndān!

大したもんだ！

495
很干净。
Hěn gānjìng.

①とてもきれい。
②清潔。

496
很详细。
Hěn xiángxì.

とても詳しい。

497
搬家了。
Bānjiā le.

引っ越した。

498
赶时髦。
Gǎn shímáo.

流行を追う。

499
不一定。
Bù yídìng.

①確かではない。
②～とは限らない。

500
要面子。
Yào miànzi.

面子を重んじる。

501
真复杂!
Zhēn fùzá!

本当に複雑！

502
吹牛皮。
Chuī niúpí.

大ボラを吹く。

503
心眼(儿)快。
Xīnyǎn(r) kuài.

機転がきく。

504
没用的。
Méiyòng de.

①むなしい。
②役立たない。

第5節

505 当翻译。 Dāng fānyì.	506 不肯来。 Bù kěn lái.	507 说下去。 Shuōxiaqu.
通訳になる。	どうしても来ない。	話し続ける。
508 差得远。 Chàde yuǎn.	509 不客气。 Bú kèqi.	510 提前走。 Tíqián zǒu.
まだまだです。（誉められた時）	どういたしまして。	繰上げて行く。
511 来得及。 Láidejí.	512 好家伙! Hǎojiāhuo!	513 人少了。 Rén shǎo le.
間に合うことができる。	なんとまぁ！	人が少なくなった。
514 很遗憾。 Hěn yíhàn.	515 太妙了! Tài miào le!	516 太棒了! Tài bàng le!
とても残念だ。	絶妙！	すばらしい！

517
脸红了。
Liǎn hóng le.

顔が赤くなった。

518
你看你。
Nǐ kàn nǐ.

あなたって人は。

519
哪两个?
Něi liǎng ge?

どれとどれ？

520
还可以。
Hái kěyǐ.

まぁまぁです。

521
很热心。
Hěn rèxīn.

とても親切。

522
发脾气。
Fā píqi.

癇癪を起こす。

523
做调查。
Zuò diàochá.

調査をする。

524
咕咕叫。
Gūgū jiào.

①クゥクゥと鳴く。
②グーグー鳴る。

525
在穿鞋。
Zài chuān xié.

(今)靴を履いている。

526
穿着鞋。
Chuānzhe xié.

靴を履いている。
(持続)

527
看不出。
Kànbuchū.

見分けがつかない。

528
很孤独。
Hěn gūdú.

とても孤独。

529
有风度。
Yǒu fēngdù.

風格がある。

530
有眼力。
Yǒu yǎnlì.

眼力がある。

531
有远见。
Yǒu yuǎnjiàn.

先見力がある。

532
请他讲。
Qǐng tā jiǎng.

彼に話してもらう。

533
要我去。
Yào wǒ qù.

私に行くようにたのむ。

534
托他买。
Tuō tā mǎi.

彼に買ってもらう。

535
谈了谈。
Tánle tán.

ちょっと話し合った。

536
激动了。
Jīdòng le.

感動した。

537
相当好。
Xiāngdāng hǎo.

相当よい。

538
长个子。
Zhǎng gèzi.

背が伸びる。

539
有勇气。
Yǒu yǒngqì.

勇気がある。

540
有本事。
Yǒu běnshi.

能力がある。

541 有理想。 Yǒu lǐxiǎng. 理想がある。	542 给他吃。 Gěi tā chī. 彼に食べさせる。	543 谁都行。 Shéi dōu xíng. 誰でも結構です。
544 吃爸爸。 Chī bàba. スネをかじる。	545 改变了。 Gǎibiàn le. ①改めた。 ②変更した。	546 弄破了。 Nòngpò le. ビリッと破った。
547 劳驾了。 Láojià le. ご苦労様でした。	548 赶紧说。 Gǎnjǐn shuō. 急いで話す。	549 醒悟到。 Xǐngwùdào. ①悟る。 ②ハッとわかる。
550 新年好！ Xīnnián hǎo! 明けましておめでとう！	551 算账吧。 Suànzhàng ba. お勘定して下さい。 （レストラン等で）	552 真糊涂。 Zhēn hútu. 本当にバカだ。

553
怪好看。
Guài hǎokàn.

とてもきれい。

554
我是说。
Wǒ shi shuō.

私が言いたいのは。

555
很明显。
Hěn míngxiǎn.

目に見えてはっきりしている。

556
能掌握。
Néng zhǎngwò.

①マスターできる。
②牛耳ることができる。

557
挺不错。
Tǐng búcuò.

大変すばらしい。

558
下功夫。
Xià gōngfu.

①年季を入れる。
②腕をみがく。

559
没花的。
Méi huā de.

使うものがない。
（お金、時間）

560
很实用。
Hěn shíyòng.

実用的です。

561
爬上来。
Páshanglai.

①はい上がってくる。
②のぼってくる。

562
很稳重。
Hěn wěnzhòng.

穏やかで落ち着いている。

563
很谦虚。
Hěn qiānxū.

謙虚である。

564
有经验。
Yǒu jīngyàn.

経験がある。

565 尝一尝。 Cháng yi cháng. ちょっと味わってみる。	566 跟他要。 Gēn tā yào. 彼にもらう。	567 不怕水。 Bú pà shuǐ. 防水。
568 我挂号。 Wǒ guàhào. 私が申込む。	569 很能干。 Hěn nénggàn. 有能である。	570 有出息。 Yǒu chūxi. ①見どころがある。 ②出世する。
571 还给你。 Huángei nǐ. (借りたものを)あなたに返す。	572 少说话。 Shǎo shuōhuà. あまり話さないように。	573 哪知道? Nǎ zhīdao? どうして知っているでしょうか？(知りません)
574 谁说的? Shéi shuō de? 誰が言ったのですか？	575 他多高? Tā duōgāo? 彼の背の高さはどの位ですか？	576 问他好。 Wèn tā hǎo. 彼によろしく。

577 等急了。 Děngjí le. 待ちくたびれた。	*578* 大胆说。 Dàdǎn shuō. ①大胆に言う。 ②思い切って言う。	*579* 天知道。 Tiān zhīdao. ①誰も知らない。 ②天のみぞ知る。
580 打破了。 Dǎpò le. 打ち破った。	*581* 留条子。 Liútiáozi. メモを残す。	*582* 累了吧? Lèi le ba? 疲れたでしょ？
583 不姓李。 Bú xìng Lǐ. 李とは申しません。	*584* 属牛的。 Shǔ niú de. うし年生まれ。	*585* 虚岁吗? Xūsuì ma? 数えですか？
586 下饭馆。 Xià fànguǎn. レストランで食べる。	*587* 你醒醒。 Nǐ xǐngxing. 君、目を覚ましなさい。	*588* 真用功。 Zhēn yònggōng. 本当によく勉強する。

589 先拨零。 Xiān bō líng. 先にゼロを回す。（電話）	**590** 掉下来。 Diàoxialai. 落ちてくる。	**591** 轻点(儿)吧。 Qīng diǎn(r) ba. そっと。
592 别害怕。 Bié hàipà. 怖がるな。	**593** 暖和了。 Nuǎnhuo le. 暖かくなった。	**594** 有饭吃。 Yǒu fàn chī. 食べるものがある。 （生活していける）
595 慢慢(儿)来。 Mànmān(r) lái. ゆっくりやりなさい。	**596** 嘴严实。 Zuǐ yánshi. 口がかたい。	**597** 打瞌睡。 Dǎ kēshuì. 居眠りをする。
598 打手势。 Dǎ shǒushì. ①手話をする。 ②手まねをする。	**599** 干着急。 Gān zháojí. ただ気を揉むばかり。	**600** 难为情。 Nánwéiqíng きまりが悪い。

5 立派に学習者

第6節

中級以上の言葉が軒を並べています。それこそ一癖も二癖もある言い回しが多くあります。「えっ！こんなものまで三文字で言えるの？」と思っていただければ嬉しいです。

601 太天真。 Tài tiānzhēn. 天真爛漫な。	602 出洋相。 Chū yángxiàng. ①恥をかく。 ②笑いものになる。	603 不怕羞。 Bú pàxiū. 恥ずかしがらない。
604 老样子。 Lǎo yàngzi. あいかわらず。	605 做向导。 Zuò xiàngdǎo. ①ガイドをする。 ②道案内をする。	606 还不错。 Hái búcuò. まぁまぁである。
607 转告他。 Zhuǎngào tā. 彼に伝言する。	608 不敢当。 Bùgǎndāng. ①恐れ入ります。 ②どういたしまして。	609 很抱歉。 Hěn bàoqiàn. 大変申し訳ない。
610 太马虎！ Tài mǎhu! ①いい加減な！ ②そそっかしい！	611 可也是。 Kě yě shì. そうかもしれない。	612 接着干。 Jiēzhe gàn. 続けてする。（途切れていたものを）

613
看比赛。
Kàn bǐsài.

試合を見る。

614
真是的！
Zhēnshi de!

まったくだ！
(不快、不満)

615
才睡觉。
Cái shuìjiào.

やっと眠った。

616
你真成。
Nǐ zhēn chéng.

君は本当にすばらしい。
(けなす時にも使用)

617
累死了。
Lèisǐ le.

死にそうに疲れた。

618
那么说。
Nàme shuō.

と言うことは。

619
降下来。
Jiàngxialai.

(気温等が)
下がってくる。

620
远着呢。
Yuǎnzhe ne.

遠いですよ。

621
不凑巧。
Bú còuqiǎo.

あいにく。

622
过两天。
Guò liǎng tiān.

数日たって。

623
按规定。
Àn guīdìng.

規定によると。

624
说不好。
Shuōbuhǎo.

①うまく言えない。
②ハッキリ言えない。

625
老顽固。
Lǎowángù.

①わからずや。
②本当にがんこ。

626
听说过。
Tīngshuōguo.

聞いたことがあります。

627
都不精。
Dōu bù jīng.

全てに精通していない。

628
真要命。
Zhēn yàomìng.

①本当に困る。
②本当にはなはだしい。

629
挨训了。
Áixùn le.

叱られた。

630
甭提了。
Béng tí le.

①もう言わないで。
②もう話題にしないで。

631
你真帅！
Nǐ zhēn shuài!

君は本当にカッコイイ！

632
划不来。
Huábulái.

①割に合わない。
②引合わない。

633
多别扭。
Duō bièniu.

とてもやっかいである。

634
很冒昧。
Hěn màomèi.

とてもおこがましい。

635
真难得。
Zhēn nándé.

本当に得がたい。

636
真俏皮。
Zhēn qiàopi.

①本当にいきである。
②本当にスマート。

637
很开通。
Hěn kāitōng.

とてもさばけている。

638
有魄力。
Yǒu pòlì.

①気魂がある。
②迫力がある。

639
老好人。
Lǎohǎorén.

まったくお人好し。

640
灌米汤。
Guàn mǐtāng.

①甘言を弄す。
②甘い言葉で人を惑わせる。

641
送秋波。
Sòng qiūbō.

①流し目を送る。
②色目を使う。

642
拉关系。
Lā guānxì.

コネをつける。

643
饱私囊。
Bǎo sīnáng.

私腹を肥やす。

644
捶脑袋。
Chuí nǎodai.

握り拳で頭をぶつ。

645
做鬼脸。
Zuò guǐliǎn.

アカンベをする。

646
皱眉头。
Zhòu méitóu.

眉をしかめる。

647
翻白眼(儿)。
Fān báiyǎn(r).

①白目をむく。
②仕方がないと諦める。

648
使眼色。
Shǐ yǎnsè.

アイコンタクトをとる。

第6節

649
侧耳朵。
Cè ěrduo.

耳をそばだてて聞く。

650
捋胡子。
Lǚ húzi.

あごひげをなでる。

651
咕嘟嘴。
Gūdu zuǐ.

プッと唇をとがらせる。
(不満、怒りを表す)

652
伸舌头。
Shēn shétou.

舌を出す。

653
吐唾沫。
Tǔ tuòmo.

唾を吐く。

654
哭鼻子。
Kū bízi.

めそめそする。

655
瞒数字。
Mán shùzì.

①サバを読む。
②数字をごまかす。

656
变乖僻。
Biàn guāipì.

①ひがむ。
②性格が偏屈である。

657
受委屈。
Shòu wěiqu.

①いじめられる。
②くやしい思いをする。

658
会应酬。
Huì yìngchou.

①愛想がいい。
②交際上手。

659
别打岔。
Bié dǎchà.

(話や仕事の)
水をさすな。

660
分不开。
Fēnbukāi.

①分けられない。
②切っても切れない。

661
守分寸。
Shǒu fēncun.

分をわきまえる。

662
不耐烦。
Bú nàifán.

しびれを切らす。

663
手头(儿)紧。
Shǒutóu(r) jǐn.

懐が寒い。
(お金がない)

664
闹别扭。
Nào bièniu.

①ヘソを曲げる。
②仲たがいをする。

665
耍脾气。
Shuǎ píqi.

①わがままな。
②短気をおこす。
③すねる。

666
性情好。
Xìngqíng hǎo.

気立てがよい。

667
卖人情。
Mài rénqing.

恩を着せる。

668
嘴不好。
Zuǐ bù hǎo.

口が悪い。

669
他嘴快。
Tā zuǐkuài.

①彼は口が軽い。
②彼は早口だ。

670
讨人厌。
Tǎo rén yàn.

①人に嫌がられる。
②鼻につく。

671
老关系。
Lǎo guānxi.

①昔なじみ。
②くされ縁。

672
没白看。
Méi bái kàn.

見てよかった。
(無駄ではなかった)

673
大草包。
Dà cǎobāo.

独活(うど)の大木。

674
铁罗汉。
Tiě luóhàn.

がんこで融通がきかない。

675
露马脚。
Lòu mǎjiǎo.

馬脚をあらわす。

676
耳旁风。
Ěrpángfēng.

馬の耳に念仏。

677
满招损。
Mǎn zhāo sǔn.

満は損を招く。

678
谦受益。
Qiān shòuyì.

謙虚さは益がある。

679
老江湖。
Lǎojiānghú.

一癖も二癖もある。

680
说了算。
Shuōle suàn.
①言えば決まる。
②言ったことには責任を持つ。

681
那好办。
Nà hǎo bàn.

それは、お安い御用だ。

682
逛书店。
Guàng shūdiàn.

本屋をぶらつく。

683
甩闲话。
Shuǎi xiánhuà.
①いやみを言う。
②不満な口ぶりを示す。

684
出风头。
Chū fēngtou.

出しゃばり。

685
向前看。
Xiàngqián kàn.

前向きに考える。

686
开口子。
Kāi kǒuzi.

口利きをする。

687
不许愿。
Bù xǔyuàn.

プライベートな願い事に耳をかさない。

688
不受贿。
Bú shòuhuì.

賄賂を受けない。

689
别蘑蹭。
Bié móceng.

モタモタしないで。

690
上闹钟。
Shàng nàozhōng.

目覚ましをかける。

691
不在乎。
Búzàihu.

気にかけない。

692
无所谓。
Wúsuǒwèi.

どちらでもよい。

693
跟不上。
Gēnbushàng.

後についていけない。

694
不骗你。
Bú piàn nǐ.

君を騙していない。

695
没治了！
Méizhì le!

最高！

696
真精彩！
Zhēn jīngcǎi!

とてもすばらしい！
（演劇・スポーツ等で使用）

第6節

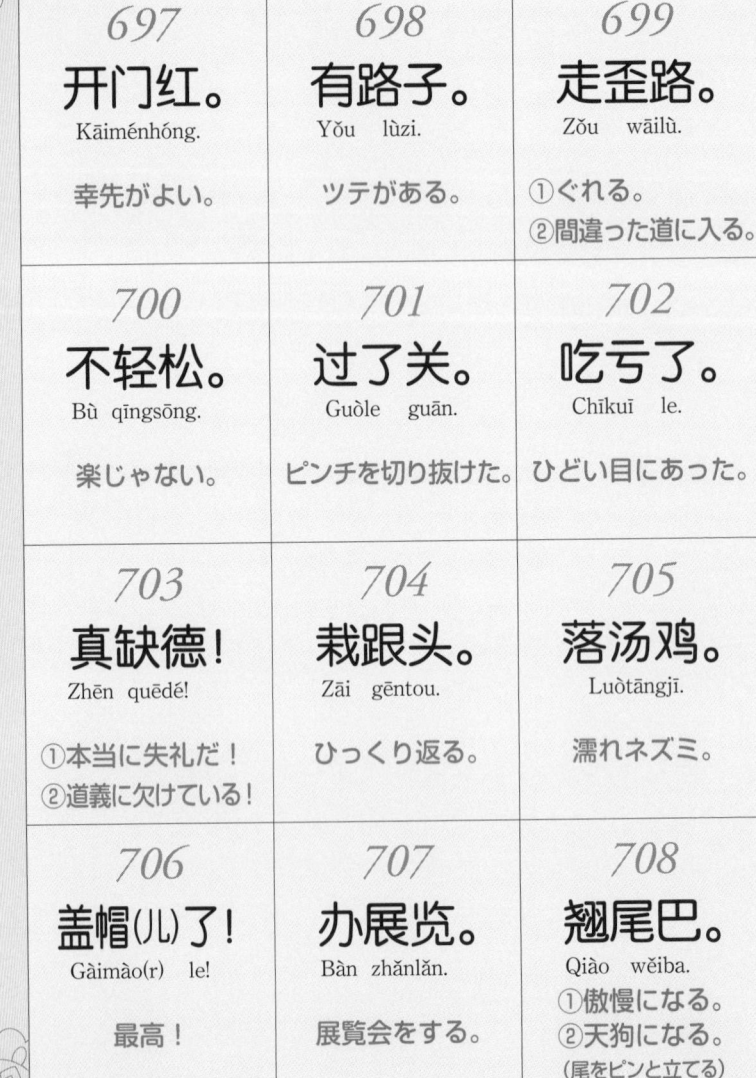

697 开门红。
Kāiménhóng.
幸先がよい。

698 有路子。
Yǒu lùzi.
ツテがある。

699 走歪路。
Zǒu wāilù.
①ぐれる。
②間違った道に入る。

700 不轻松。
Bù qīngsōng.
楽じゃない。

701 过了关。
Guòle guān.
ピンチを切り抜けた。

702 吃亏了。
Chīkuī le.
ひどい目にあった。

703 真缺德！
Zhēn quēdé!
①本当に失礼だ！
②道義に欠けている！

704 栽跟头。
Zāi gēntou.
ひっくり返る。

705 落汤鸡。
Luòtāngjī.
濡れネズミ。

706 盖帽(儿)了！
Gàimào(r) le!
最高！

707 办展览。
Bàn zhǎnlǎn.
展覧会をする。

708 翘尾巴。
Qiào wěiba.
①傲慢になる。
②天狗になる。
（尾をピンと立てる）

709
伤脑筋。
Shāng nǎojīn.

①頭が痛い。
②参った。

710
不旷课。
Bú kuàngkè.

授業をサボらない。

711
报上说。
Bào shang shuō.

新聞によると。

712
去乘凉。
Qù chéngliáng.

涼みに行く。

713
迷路了。
Mílù le.

道に迷った。

714
误点了。
Wùdiǎn le.

(交通手段が)遅れた。

715
找遍了。
Zhǎobiàn le.

くまなく探した。

716
占先了。
Zhànxiān le.

先手を打つ。

717
真可怜。
Zhēn kělián.

とてもかわいそう。

718
真可恶。
Zhēn kěwù.

とても憎らしい。

719
真可笑。
Zhēn kěxiào.

とてもおかしい。

720
请举手。
Qǐng jǔshǒu.

手を挙げて下さい。

第7節

主に中級以上での必須三文字がまだまだ次々と出てきます。是非楽しみながらクリアーしていって下さい。頑張りどころですよ。加油吧!

721
请放下。
Qǐng fàngxia.

手をおろして下さい。

722
要测验。
Yào cèyàn.

試験を行います。

723
好险啊!
Hǎo xiǎn a!

あぶない!

724
挂内科。
Guà nèikē.

内科を受ける。

725
烧水去。
Shāoshuǐ qu.

お湯を沸かしに行く。

726
不用了。
Búyòng le.

結構です。

727
瘦一点(儿)。
Shòu yìdiǎn(r).

(服などが)
少しきつい。

728
退休了。
Tuìxiū le.

退職しました。

729
包任务。
Bāo rènwu.

仕事を請負う。

730
偷吃了。
Tōuchī le.

盗み食いをする。

731
赏月去。
Shǎngyuè qu.

月見に行く。

732
收不住。
Shōubuzhù.

(感情又は行動を)こらえることが出来ない。

733
放风筝。
Fàng fēngzheng.

凧を揚げる。

734
养猎狗。
Yǎng lièsǒu.

猟犬を飼う。

735
心领了。
Xīnlǐng le.

お気持ちょうだいしておきます。

736
要收拾!
Yào shōushi!

片付けましょう！

737
舍不得。
Shěbude.

①もったいない。
②名残惜しい。

738
真寂寞。
Zhēn jìmò.

とても寂しい。

739
放酱油。
Fàng jiàngyóu.

醤油を入れる。

740
捉迷藏。
Zhuōmícáng.

鬼ごっこをする。

741
没注意。
Méi zhùyì.

気付かなかった。

742
做生意。
Zuò shēngyi.

商売をする。

743
绕着走。
Ràozhe zǒu.

よけて通る。

744
很省事。
Hěn shěngshì.

とても手間が省ける。

7 踏ん張りどころ

第7節

745
不吃力。
Bù chīlì.
骨がおれない。

746
很活泼。
Hěn huópō.
活発である。

747
踢足球。
Tī zúqiú.
サッカーをする。

748
冻成冰。
Dòngchéng bīng.
凍って氷になる。

749
耳朵灵。
Ěrduo líng.
とても耳ざとい。

750
本领大。
Běnlǐng dà.
大した腕前だ。

751
别聊啦!
Bié liáo la!
おしゃべりをしないで!

752
取消了。
Qǔxiāo le.
取り消した。

753
很羡慕。
Hěn xiànmù.
とても羨ましい。

754
能生吃。
Néng shēng chī.
生で食べられる。

755
出彩虹。
Chū cǎihóng.
虹が出る。

756
沏茶吗?
Qī chá ma?
お茶を入れましょうか?

757
光顾看。
Guānggù kàn.

ただ読むばかり。

758
等着用。
Děngzhe yòng.

至急入り用です。

759
保险些。
Bǎoxiǎn xiē.

ずっと安心。

760
很别致。
Hěn biézhì.

とてもユニーク。

761
数不着。
Shǔbuzháo.

ものの数に入らない。

762
很满意。
Hěn mǎnyì.

満足です。

763
素一点(儿)。
Sù yìdiǎn(r).

ちょっと地味。

764
真可心。
Zhēn kěxīn.

本当に気に入っています。

765
准高兴。
Zhǔn gāoxìng.

きっと喜びます。

766
推迟了。
Tuīchí le.

①遅らせた。
②延期した。

767
发稿费。
Fā gǎofèi.

原稿料が出る。

768
少不了。
Shǎobuliǎo.

欠かせない。

769 别淘气。 Bié táoqì. いたずらをするな。	*770* 糟透了。 Zāotòu le. めちゃくちゃになった。	*771* 报哪里？ Bào nǎli? どこに応募したの？ （大学など）
772 凭运气。 Píng yùnqi. 運に頼る。	*773* 打哆嗦。 Dǎ duōsuo. 震える。	*774* 掺起来。 Chānqilai. 混ぜ合わせる。
775 告诫他。 Gàojiè tā. 彼を戒める。	*776* 真顶用。 Zhēn dǐngyòng. とても役立つ。	*777* 烙大饼。 Lào dàbǐng. ターピンを焼く。 （点心の一種）
778 揭开锅。 Jiēkāi guō. 鍋のフタを開ける。	*779* 活受罪。 Huóshòuzuì. ひどい目にあう。	*780* 空手去。 Kōngshǒu qù. 手ぶらで行く。

781
走亲戚。
Zǒu qīnqi.

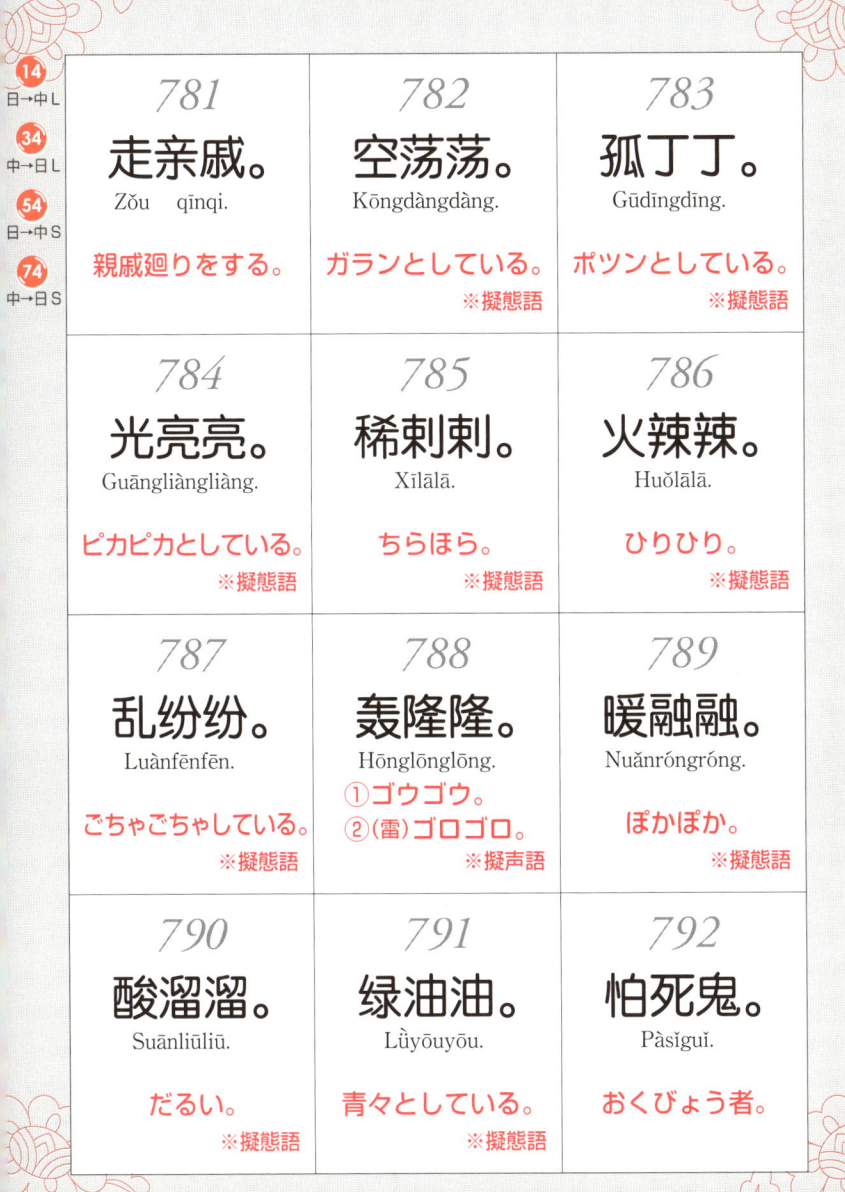

親戚廻りをする。

782
空荡荡。
Kōngdàngdàng.

ガランとしている。
※擬態語

783
孤丁丁。
Gūdīngdīng.

ポツンとしている。
※擬態語

784
光亮亮。
Guāngliàngliàng.

ピカピカとしている。
※擬態語

785
稀剌剌。
Xīlālā.

ちらほら。
※擬態語

786
火辣辣。
Huǒlālā.

ひりひり。
※擬態語

787
乱纷纷。
Luànfēnfēn.

ごちゃごちゃしている。
※擬態語

788
轰隆隆。
Hōnglōnglōng.
①ゴウゴウ。
②(雷)ゴロゴロ。
※擬声語

789
暖融融。
Nuǎnróngróng.

ぽかぽか。
※擬態語

790
酸溜溜。
Suānliūliū.

だるい。
※擬態語

791
绿油油。
Lǜyōuyōu.

青々としている。
※擬態語

792
怕死鬼。
Pàsǐguǐ.

おくびょう者。

793 撑场面。 Chēng chǎngmiàn. 見栄をはる。	**794** 爱公物。 Ài gōngwù. 公共の物を大切にする。	**795** 搞对象。 Gǎo duìxiàng. 恋人をつくる。
796 向右转。 Xiàngyòu zhuǎn. 右向け右。	**797** 练气功。 Liàn qìgōng. 気功をする。	**798** 有好处。 Yǒu hǎochù. ①よいところがある。 ②利点がある。
799 跑一圈(儿)。 Pǎo yì quān(r). 一回り走る。	**800** 撞伤了。 Zhuàngshāng le. ぶつかって負傷する。	**801** 量体温。 Liáng tǐwēn. 体温をはかる。
802 发痒了。 Fāyǎng le. かゆくなった。	**803** 见外了。 Jiànwài le. 水くさいな。	**804** 真够呛。 Zhēn gòuqiàng. ①たまらない。 ②ひどい。

805
采访了。
Cǎifǎng le.

①取材をした。
②消息を尋ねた。

806
开放了。
Kāifàng le.

①開放した。
②解除した。

807
有魅力。
Yǒu mèilì.

①愛嬌がある。
②魅力がある。

808
敲边鼓。
Qiāo biāngǔ.

あいづちを打つ。

809
很发达。
Hěn fādá.

①とても発達している。
②とても盛んである。

810
真文雅。
Zhēn wényǎ.

本当にエレガントだ。

811
厚脸皮。
Hòu liǎnpí.

厚かましい。

812
寻短见。
Xún duǎnjiàn.

①浅はかな考えをおこす。
②自殺する。

813
腿抽筋。
Tuǐ chōujīn.

足がひきつる。

814
抓短处。
Zhuā duǎnchù.

人のあしもとを見る。

815
起绰号。
Qǐ chuòhào.

あだ名をつける。

816
有后盾。
Yǒu hòudùn.

後盾がある。

817 很风趣。 Hěn fēngqù. ユーモアがある。	*818* 长得美。 Zhǎngde měi. 美しく育った。	*819* 有成见。 Yǒu chéngjiàn. 食わずぎらい。
820 长见识。 Zhǎng jiànshi. 見聞を広める。	*821* 取吉利。 Qǔ jílì. 縁起をかつぐ。	*822* 碰钉子。 Pèng dīngzi. 拒絶される。
823 涨价了。 Zhǎngjià le. 値上がりした。	*824* 跌价了。 Diējià le. 値下がりした。	*825* 看眼色。 Kàn yǎnsè. 顔色をうかがう。
826 掩盖了。 Yǎngài le. もみ消した。	*827* 有恒心。 Yǒu héngxīn. ①恒常心がある。 ②根気がある。	*828* 不顺眼。 Bú shùnyǎn. 気に入らない。

829
诉苦穷。
Sù kǔqióng.

泣き言をならべる。

830
咬耳朵。
Yǎo ěrduo.

耳打ちする。

831
去你的！
Qù nǐ de!

何言ってんだい！

832
回敬了。
Huíjìng le.

①しっぺ返しをする。
②お礼返しをする。

833
肩膀宽。
Jiānbǎng kuān.

十分に責任能力がある。

834
专好玩(儿)。
Zhuān hào wán(r).

遊びに余念がない。

835
拍马屁。
Pāi mǎpì.

おべっかを使う。

836
整脸子。
Zhěng liǎnzi.

つっけんどんにする。

837
没顾上。
Méi gùshang.

①それどころじゃない。
②かまってられない。

838
挺开心。
Tǐng kāixīn.

とてもスカッとした。

839
吃腻了。
Chīnì le.

食べ飽きた。

840
做好看。
Zuò hǎokàn.

見栄をはる。

第8節

近年、社会情勢がめまぐるしく変化してきた中国社会で、この20年ぐらいのうちに少しずつ使われ出し、今では定着してきた三文字が現れています。

841
走下坡。
Zǒu xiàpō.

落ち目。

842
碰一碰。
Pèng yi pèng.

試しにあたってみる。

843
消遣了。
Xiāoqiǎn le.

①憂さを晴らす。
②暇つぶしをする。

844
够朋友。
Gòu péngyou.

友達がいがある。

845
老保守。
Lǎo bǎoshǒu.

①保守的。
②時代遅れ。

846
受连累。
Shòu liánlei.

とばっちりを受ける。

847
有灵验。
Yǒu língyàn.

①ご利益がある。
②予言的中。

848
有交往。
Yǒu jiāowǎng.

つきあいがある。

849
开小差(儿)。
Kāi xiǎochāi(r).

①サボる。
①うわの空。

850
开快车。
Kāi kuàichē.

急いでやる。

851
不服气。
Bù fúqì.

不服である。

852
两下子。
Liǎngxiàzi.

大した腕前である。

853
拽胳膊。
Zhuāi gēbo.

腕がなえる。
（方言）

854
抹稀泥。
Mǒ xīní.

優しくなだめる。

855
跑气了。
Pǎoqì le.

空気がもれる。

856
吵得慌。
Chǎo dehuang.

騒がしくてたまらない。

857
气管炎。
Qìguǎnyán.

かかあ天下。
("妻管严"のしゃれ言葉)

858
谈不上。
Tánbushàng.

①話にならない。
②言うまでもない。

859
钻下去。
Zuānxiaqu.

打ち込む。
（物や研究に）

860
太风流。
Tài fēngliú.

キザだ。

861
有疙瘩。
Yǒu gēda.

わだかまりがある。

862
押后阵。
Yā hòuzhèn.

しんがりを務める。

863
回老家。
Huí lǎojiā.

①帰郷する。
②死ぬ。

864
打八刀。
Dǎbādāo.

①別れる。
②離婚する。

865
踢皮球。
Tī píqiú.

たらいまわしにする。

866
办实事。
Bàn shíshì.

実際的なことをする。

867
做义工。
Zuò yìgōng.

ボランティアをする。

868
爆冷门。
Bào lěngmén.

番狂わせ。

869
吊胃口。
Diào wèikǒu.

①興味を抱かせる。
②食欲をそそる。

870
吃不住。
Chībuzhù.

①重くて持てない。
②引き受けられない。

871
背黑锅。
Bēi hēiguō.

濡れ衣を着せられる。

872
吃老本(儿)。
Chī lǎoběn(r).

過去の名声で
生活をする。

873
吃官司。
Chī guānsi.

訴えられる。

874
联网了。
Liánwǎng le.

インターネット
をする。

875
捞油水。
Lāo yóushui.

甘い汁を吸う。

876
借题目。
Jiè tímù.

かこつける。

877 立门户。 Lì ménhù. 一派を立てる。	878 有文章。 Yǒu wénzhāng. いわく因縁がある。	879 扯后腿。 Chě hòutuǐ. 足手まとい。
880 戴高帽。 Dài gāomào. ①おだてる。 ②おだてに乗る。	881 炒鱿鱼。 Chǎo yóuyú. ①くびになる。 ②おはらい箱になる。	882 提线子。 Tí xiànzi. 陰で操る。
883 找出路。 Zhǎo chūlù. 活路を見出す。	884 交学费。 Jiāo xuéfèi. ①学費をはらう。 ②教訓を得る。	885 过筛子。 Guò shāizi. ふるいにかける。
886 打问号。 Dǎ wènhào. 疑問符をつける。	887 向后看。 Xiànghòu kàn. 後ろ向きに考える。	888 帮倒忙。 Bāng dàománg. 手伝ったことがアダになる。

889
沉住气。
Chénzhù qì.

気を落ち着かせる。

890
打句号。
Dǎ jùhào.

ピリオドを打つ。

891
底子薄。
Dǐzi báo.

底が浅い。

892
见天日。
Jiàn tiānrì.

日の目を見る。

893
泡了汤。
Pàole tāng.

水の泡となる。

894
开支票。
Kāi zhīpiào.

小切手を切る。

895
开小灶。
Kāi xiǎozào.

特別扱いをする。

896
开绿灯。
Kāi lǜdēng.

ゴーサインを出す。

897
开电门。
Kāi diànmén.

スイッチを入れる。

898
不合账。
Bù hézhàng.

採算が合わない。

899
不上路。
Bú shànglù.

軌道に乗らない。

900
抱佛脚。
Bào fójiǎo.

苦しいときの神頼み。

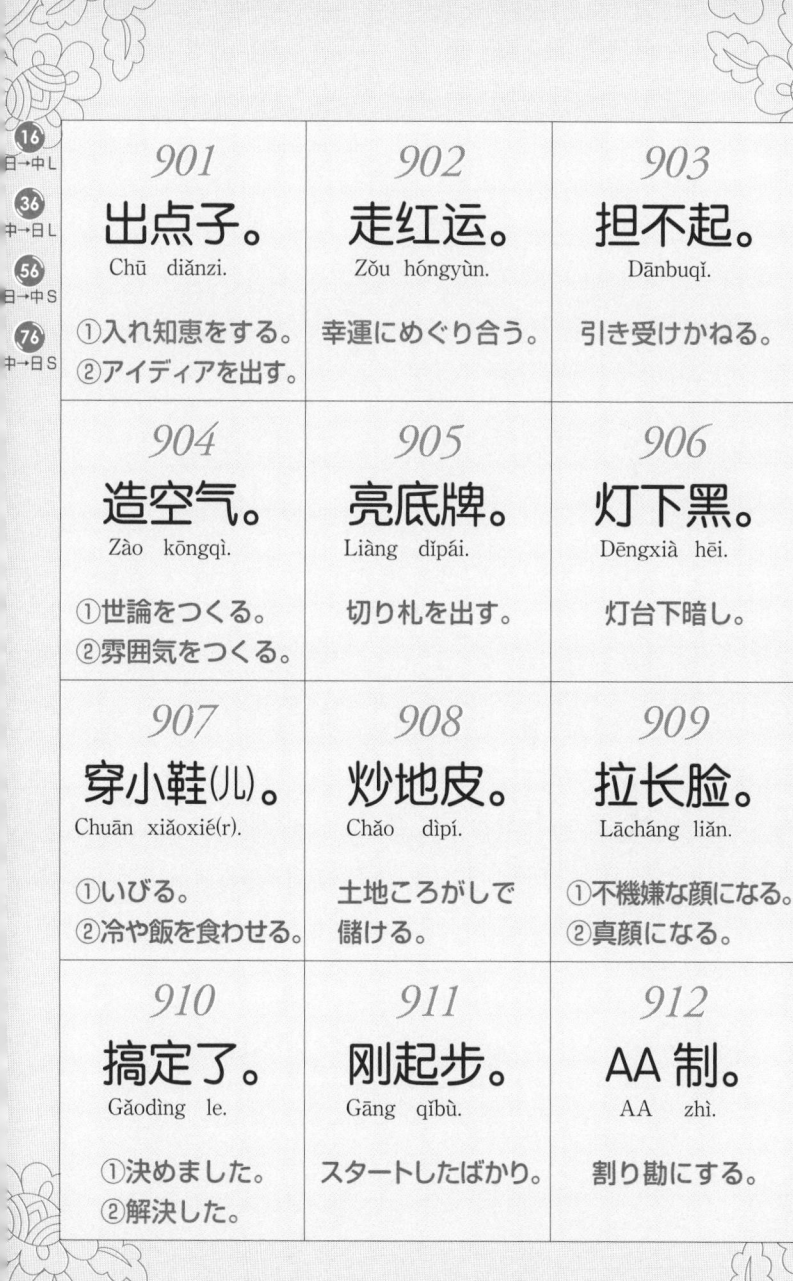

901
出点子。
Chū diǎnzi.

①入れ知恵をする。
②アイディアを出す。

902
走红运。
Zǒu hóngyùn.

幸運にめぐり合う。

903
担不起。
Dānbuqǐ.

引き受けかねる。

904
造空气。
Zào kōngqì.

①世論をつくる。
②雰囲気をつくる。

905
亮底牌。
Liàng dǐpái.

切り札を出す。

906
灯下黑。
Dēngxià hēi.

灯台下暗し。

907
穿小鞋(儿)。
Chuān xiǎoxié(r).

①いびる。
②冷や飯を食わせる。

908
炒地皮。
Chǎo dìpí.

土地ころがしで儲ける。

909
拉长脸。
Lācháng liǎn.

①不機嫌な顔になる。
②真顔になる。

910
搞定了。
Gǎodìng le.

①決めました。
②解決した。

911
刚起步。
Gāng qǐbù.

スタートしたばかり。

912
AA 制。
AA zhì.

割り勘にする。

8 新語続出

913
我买单。
Wǒ mǎidān.

私が払います。

914
口感好。
Kǒugǎn hǎo.

口当たりがよい。

915
有人气。
Yǒu rénqì.

人気がある。

916
零差错。
Líng chācuò.

①間違いゼロ。
②パーフェクト。

917
弄清楚。
Nòngqīngchu.

ハッキリさせる。

918
抢银行。
Qiǎng yínháng.

銀行強盗をする。

919
打圆场。
Dǎ yuánchǎng.

場をおさめる。

920
挺洋气。
Tǐng yángqi.

垢抜けている。

921
我服他。
Wǒ fú tā.

私は彼に一目置いています。

922
要送饭。
Yào sòngfàn.

出前を取る。

923
睡懒觉。
Shuì lǎnjiào.

寝坊する。

924
上厕所。
Shàng cèsuǒ.

トイレに行く。

925
调工作。
Diào gōngzuò.

転勤する。

926
多保重。
Duō bǎozhòng.

お気をつけて。

927
做体检。
Zuò tǐjiǎn.

健康診断を受ける。

928
不解乏。
Bù jiěfá.

疲れが取れない。

929
得癌症。
Dé áizhèng.

ガンになる。

930
获奖了。
Huò jiǎng le.

受賞した。

931
弹吉他。
Tán jítā.

ギターを弾く。

932
有规律。
Yǒu guīlǜ.

規則正しい。

933
他好奇。
Tā hàoqí.

彼は好奇心がある。

934
要打包。
Yào dǎbāo.

持ち帰りにして下さい。

935
扫兴了。
Sǎoxìng le.

しらける。

936
怯场了。
Qièchǎng le.

①あがる。
②気後れする。

第8節

937
上瘾了。
Shàngyǐn le.

病み付きになる。

938
很新颖。
Hěn xīnyǐng.

とても斬新。

939
别放过。
Bié fàngguò.

見逃さないで。

940
崇拜她。
Chóngbài tā.

彼女に夢中。

941
赔笑脸。
Péi xiàoliǎn.

機嫌を取る。

942
成热点。
Chéng rèdiǎn.

①注目される。
②話題になる。

943
来人啊！
Lái rén a!

誰かー、来てー！

944
硬挺着。
Yìngtǐngzhe.

片意地を張る。

945
慢待了。
Màndài le.

行き届きませんで。

946
提醒我。
Tíxǐng wǒ.

私を気付かせてくれる。

947
唱反调。
Chàng fǎndiào.

異を唱える。

948
他真惨。
Tā zhēn cǎn.

彼はかわいそう。

949
想不通。
Xiǎngbutōng.

納得できない。

950
创牌子。
Chuàng páizi.

ブランドをつくる。

951
抄近路。
Chāo jìnlù.

ズルをする。

952
闷死了。
Mènsǐ le.

退屈でたまらない。

953
太过分。
Tài guòfèn.

度が過ぎる。

954
出乱子。
Chū luànzi.

面倒が起きる。

955
跳龙门。
Tiào lóngmén.

難関を突破して出世する。

956
有趣吗？
Yǒuqù ma?

面白いですか？

957
亮黄牌(儿)。
Liàng huángpái(r).

①警告する。
②イエローカードを出す。

958
赖别人。
Lài biérén.

人のせいにする。

959
被抓获。
Bèi zhuāhuò.

逮捕される。

960
很少见。
Hěn shǎojiàn.

珍しい。

第9節

前節に続いて、現代中国社会の中で新しく生み出され、今では根づいてしまった言い回しが出てきます。言うまでもなく言葉は社会を反映しているのです。

961
翻两番。
Fān liǎng fān.

4倍になる。

962
受潮了。
Shòucháo le.

湿気た。

963
打工去。
Dǎgōng qu.

アルバイトに行く。

964
上岗了。
Shànggǎng le.

持ち場につく。

965
放宽了。
Fàngkuān le.

①緩和した。
②(道などを)広くした。

966
很正常。
Hěn zhèngcháng.

当たり前なこと。

967
打手机。
Dǎ shǒujī.

携帯をかける。

968
大变脸。
Dà biànliǎn.

大変貌をとげる。

969
想退货。
Xiǎng tuìhuò.

返品したいのですが。

970
很普遍。
Hěn pǔbiàn.

①ふつうである。
②普遍的である。

971
要放松。
Yào fàngsōng.

リラックスして。

972
挺另类。
Tǐng lìnglèi.

とても変わっている。

973
走一杯。
Zǒu yì bēi.

さぁぐっと一杯行きましょう。

974
插一腿。
Chā yì tuǐ.

足を踏み入れる。

975
请稍候。
Qǐng shāohòu.

少しお待ち下さい。

976
很愉快。
Hěn yúkuài.

とても楽しい。

977
很碍事。
Hěn àishì.

とても邪魔。

978
打赌吗？
Dǎdǔ ma?

賭ける？

979
发泄了。
Fāxiè le.

怒りや不満を漏らす。

980
请打表。
Qǐng dǎbiǎo.

メーターを倒してください。
（タクシーで）

981
打官腔。
Dǎ guānqiāng.

偉そうな口をきく。

982
漱漱口。
Shùshu kǒu.

うがいをする。

983
倒垃圾。
Dào lājī.

ごみを捨てる。

984
晾衣服。
Liàng yīfu.

洗濯物を干す。

985 提精神。 Tí jīngshen. 元気を出す。	986 到点了。 Dàodiǎn le. 時間になりました。	987 踮起脚。 Qiāoqǐ jiǎo. つま先立ちをする。
988 烤着吃。 Kǎozhe chī. 焼いて食べる。	989 搞农业。 Gǎo nóngyè. 農業をする。	990 出远门(儿)。 Chū yuǎnmén(r). 遠出をする。
991 一把手。 Yī bǎshǒu. 一番手。	992 说的是。 Shuō de shì. あなたのおっしゃる通りです。	993 失望了。 Shīwàng le. 失望しました。
994 请回吧。 Qǐng huí ba. どうぞお帰り下さい。	995 唱主角。 Chàng zhǔjué. 主役になる。	996 难出口。 Nán chūkǒu. 言い出しにくい。

997 满天飞。 Mǎntiānfēi. あちこち飛び回る。	*998* 有缘分。 Yǒu yuánfèn. 縁がある。	*999* 请排队。 Qǐng páiduì. どうぞお並び下さい。
1000 不痛快。 Bú tòngkuài. ①気持ちが晴れない。 ②憂鬱である。	*1001* 不怨你。 Bú yuàn nǐ. あなたを恨んでいない。	*1002* 出通知。 Chū tōngzhī. 通知を出す。
1003 一般吧。 Yìbān ba. まぁまぁです。	*1004* 记下来。 Jìxialai. ①メモをとる。 ②覚えておく。	*1005* 泡网吧。 Pào wǎngbā. インターネットカフェで時間をつぶす。
1006 很投机。 Hěn tóujī. 話に花が咲く。	*1007* 发短信。 Fā duǎnxìn. 携帯メールを送る。	*1008* 洗温泉。 Xǐ wēnquán. 温泉に入る。

1009
发讲义。
Fā jiǎngyì.

プリントを配る。

1010
很浪漫。
Hěn làngmàn.

ロマンチックだなぁ。

1011
打喷嚏。
Dǎ pēntì.

くしゃみをする。

1012
打呼噜。
Dǎ hūlu.

いびきをかく。

1013
对口径。
Duì kǒujìng.

口裏を合わせる。

1014
踩刹车。
Cǎi shāchē.

ブレーキを踏む。

1015
被甩了。
Bèi shuǎi le.

ふられた。

1016
我做东。
Wǒ zuòdōng.

私がごちそうする。

1017
没咒念。
Méi zhòuniàn.

①お手上げだ。
②打つ手なし。

1018
心很软。
Xīn hěn ruǎn.

情にもろい。

1019
拜托您。
Bàituō nín.

よろしくお願いします。

1020
真灵通。
Zhēn língtōng.

地獄耳だね。

1021 发愣了。 Fālèng le. ボーッとする。	*1022* 算扯平。 Suàn chěpíng. チャラにする。	*1023* 你黄牛。 Nǐ huángniú. 約束を破ったね。
1024 占便宜。 Zhàn piányi. 得をする。	*1025* 他真酷。 Tā zhēn kù. 彼はしぶいなぁ。	*1026* 很有型。 Hěn yǒuxíng. とても個性的だ。
1027 给你垫。 Gěi nǐ diàn. あなたのために立て替えましょう。	*1028* 挺奸的。 Tǐng jiān de. とてもズルい。	*1029* 跳槽了。 Tiàocáo le. 転職した。
1030 你真菜。 Nǐ zhēn cài. ①ぎこちない。 ②要領が悪い。	*1031* 景气好。 Jǐngqì hǎo. ①景気がよい。 ②商売がうまくいく。	*1032* 被发现。 Bèi fāxiàn. バレる。

1033 汇款了。 Huìkuǎn le. 振り込みました。	*1034* 翻老账。 Fān lǎozhàng. 済んだことを蒸し返す。	*1035* 抽功夫。 Chōu gōngfu. 時間を割く。
1036 家常饭。 Jiāchángfàn. 日常茶飯事。	*1037* 马后炮。 Mǎhòupào. 後の祭り。	*1038* 走着瞧。 Zǒuzheqiáo. ①しばらく成り行きを見る。 ②覚えてろ！
1039 想当然。 Xiǎngdāngrán. 高をくくる。	*1040* 经风雨。 Jīng fēngyǔ. 苦労をする。	*1041* 过得去。 Guòdequ. ①やり過ごす。 ②生活がやっていける。
1042 对着干。 Duìzhe gàn. 張り合う。	*1043* 很尴尬。 Hěn gāngà. ①気恥ずかしい。 ②バツが悪い。	*1044* 故意做。 Gùyì zuò. わざとする。

1045
下决心。
Xià juéxīn.

決心する。

1046
拍电影。
Pāi diànyǐng.

映画を撮る。

1047
打基础。
Dǎ jīchǔ.

基礎を築く。

1048
好搭档。
Hǎo dādàng.

いいコンビ。

1049
录取他。
Lùqǔ tā.

彼を採用する。

1050
别来劲。
Bié láijìn.

調子に乗るな。

1051
能够着。
Néng gòuzháo.

手が届く。

1052
讲信义。
Jiǎng xìnyì.

信義を重んじる。

1053
看我的。
Kàn wǒ de.

おれに任せろ。

1054
再说吧。
Zàishuō ba.

①またにしよう。
②いずれそのうち。

1055
真多事！
Zhēn duōshì!

本当におせっかい！

1056
没感觉。
Méi gǎnjué.

ピンとこない。

第9節

1057
放不下。
Fàngbuxià.

手放せない。

1058
别价呀！
Biéjie a!

ダメだよ！
（北京語）

1059
还凑合。
Hái còuhe.

①間に合わせる。
②形にする。

1060
不知趣。
Bù zhīqù.

①デリカシーがない。
②物わかりが悪い。

1061
他妈的。
Tāmāde.

①むかつく。
②この野郎。

1062
真没劲。
Zhēn méijìn.

うんざり。

1063
实打实。
Shídǎshí.

着実である。

1064
软耳朵。
Ruǎn ěrduo.

信じやすい。

1065
加保险。
Jiā bǎoxiǎn.

保険に入る。

1066
绕弯子。
Rào wānzi.

①遠回し。
②わかりにくい。

1067
看风水。
Kàn fēngshuǐ.

風水をみる。

1068
先这样。
Xiān zhèyàng.

まずとりあえず、このままにしておこう。

1069
指不上。
Zhǐbushàng.

あてにできない。

1070
烦着呢。
Fánzhe ne.

むかつく。

1071
撮一顿。
Cuō yí dùn.

食事をする。

1072
稳着点(儿)。
Wěnzhe diǎn(r).

落ち着いて。

1073
出位了。
Chūwèi le.

意表を突く。

1074
二百五。
Èrbǎiwǔ.

バカな。

1075
加热吗？
Jiārè ma?

温めますか？

1076
很畅销。
Hěn chàngxiāo.

売れ行きがいい。

1077
PMP。
PMP.

おべっか。

1078
那正好。
Nà zhèng hǎo.

それはちょうどいい。

1079
我保证。
Wǒ bǎozhèng.

約束します。

1080
开吃了。
Kāichī le.

いただきます。

9 更に新語続出

第10節

最後の節になりましたが、ここでも実は中国人どうしの会話の中では多用される、ある意味最も頻度の高い会話群です。罵る言葉あり、誉め言葉ありです。ここまで来ることができたあなたは本当に真有你！です。

1081 別胡说！ Bié húshuō! バカを言うな！	1082 放开我！ Fàngkāi wǒ! 離してよ！	1083 很擅长。 Hěn shàncháng. ①長けている。②堪能である。
1084 活见鬼。 Huójiànguǐ. 不思議な。	1085 争口气。 Zhēng kǒuqì. 意地をみせる。	1086 呱呱叫。 Guāguājiào. ①ずば抜ける。②すばらしい。
1087 不可能。 Bù kěnéng. ありえない。	1088 用不着。 Yòngbuzháo. 大きなお世話。	1089 慢着点(儿)。 Mànzhe diǎn(r). 待て！
1090 先应急。 Xiān yìngjí. ①とりあえず片付けろ。②急場をしのげ。	1091 要拆迁。 Yào chāiqiān. 立ち退かせなければならない。	1092 期待着。 Qīdàizhe. 期待しています。

1093 口味高。 Kǒuwèi gāo. 舌が肥えている。	**1094** 着迷了。 Zháomí le. ①凝っている。 ②夢中になっている。	**1095** 慢性子。 Mànxìngzi. のん気。
1096 找借口。 Zhǎo jièkǒu. 言い訳をする。	**1097** 然后呢? Ránhòu ne? それで?	**1098** 正经点(儿)。 Zhèngjing diǎn(r). もっとまじめに。
1099 我交代。 Wǒ jiāodài. 白状します。	**1100** 听你的。 Tīng nǐ de. 言う通りにしよう。	**1101** 斯文些。 Sīwen xiē. もうちょっと上品に。
1102 卡哇伊。 Kǎwāyī. かわいい。	**1103** 吃螺丝。 Chī luósī. ①トチる。 ②言い間違える。	**1104** 他活该! Tā huógāi! あいつざまぁ見ろ!

第10節

1105
就拉倒。
Jiù lādǎo.

もういいや。

1106
我晓得。
Wǒ xiǎode.

わかっています。

1107
说中了。
Shuōzhòng le.

言い当てた。

1108
请吩咐。
Qǐng fēnfù.

お申しつけ下さい。

1109
告辞了。
Gàocí le.

(別れる時)
失礼します。

1110
发牢骚。
Fā láosāo.

愚痴を言う。

1111
走过场。
Zǒu guòchǎng.

お茶を濁す。

1112
拉一把。
Lā yì bǎ.

同情して力になる。

1113
行方便。
Xíng fāngbian.

便宜を図る。

1114
又怎样。
Yòu zěnyàng.

それがどうした。

1115
打保票。
Dǎ bǎopiào.

太鼓判を押す。

1116
不对劲(儿)。
Bú duìjìn(r).

しっくりこない。

1117
巧合呀。
Qiǎohé ya.

偶然の一致。

1118
很秀气。
Hěn xiùqi.

①上品ですがすがしい。
②気が利いている。

1119
别臭美。
Bié chòuměi.

①うぬぼれるな。
②かっこつけるな。

1120
很惭愧。
Hěn cánkuì.

恥ずかしい。

1121
讲价钱。
Jiǎng jiàqián.

値段交渉をする。

1122
黄粱梦。
Huángliángmèng.

一炊の夢。

1123
淘汰了。
Táotài le.

時代遅れ。

1124
对时间。
Duì shíjiān.

時間を合わせる。

1125
禁不住。
Jīnbuzhù.

こらえきれない。

1126
给我听。
Gěi wǒ tīng.

私に聞かせて。

1127
别介意。
Bié jièyì.

気にしないで。

1128
您先请。
Nín xiān qǐng.

お先にどうぞ。

第10節

1129 办不到。 Bànbudào.
できる相談じゃない。

1130 挺得住。 Tǐngdezhù.
我慢できる。（肉体的に）

1131 做到底。 Zuò dàodǐ.
①最後までやる。②とことん頑張る。

1132 吃错药。 Chīcuò yào.
どうかしてるんじゃないの。

1133 压着火。 Yāzhe huǒ.
怒りを抑えている。

1134 厌倦他。 Yànjuàn tā.
彼には飽き飽きした。

1135 很性感。 Hěn xìnggǎn.
とてもセクシー。

1136 有干劲(ル)。 Yǒu gànjìn(r).
やる気がある。

1137 努力吧。 Nǔlì ba.
頑張れ。

1138 走不动。 Zǒubudòng.
動けない。

1139 回头看。 Huítóu kàn.
振り返って見る。

1140 别偷懒(ル)。 Bié tōulǎn(r).
手抜きしないで。

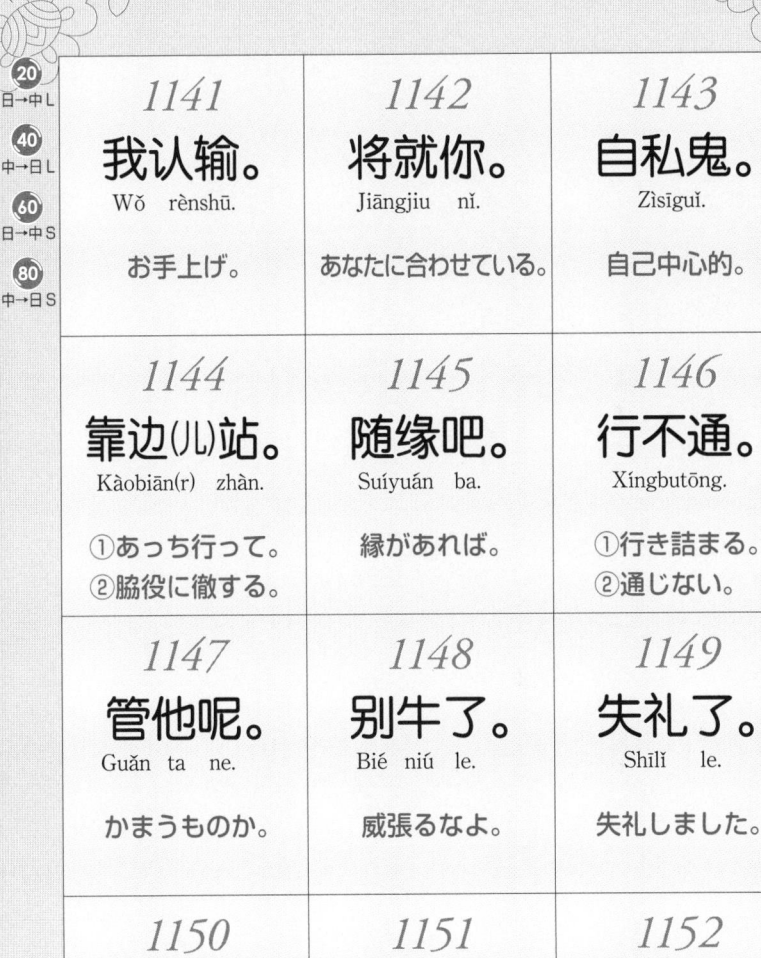

1141
我认输。
Wǒ rènshū.

お手上げ。

1142
将就你。
Jiāngjiu nǐ.

あなたに合わせている。

1143
自私鬼。
Zìsīguǐ.

自己中心的。

1144
靠边(儿)站。
Kàobiān(r) zhàn.

①あっち行って。
②脇役に徹する。

1145
随缘吧。
Suíyuán ba.

縁があれば。

1146
行不通。
Xíngbutōng.

①行き詰まる。
②通じない。

1147
管他呢。
Guǎn ta ne.

かまうものか。

1148
别牛了。
Bié niú le.

威張るなよ。

1149
失礼了。
Shīlǐ le.

失礼しました。

1150
太神了！
Tài shén le!

①すごい！
②かしこい！

1151
随它去！
Suí tā qù!

なるようになるさ！

1152
答对了！
Dáduì le!

正解！

1153 还差点(儿)。 Hái chàdiǎn(r). いまいち。	1154 坏心眼(儿)! Huài xīnyǎn(r)! いじわるー!	1155 不见得。 Bújiàndé. そうとは思えない。
1156 真无聊。 Zhēn wúliáo. 本当につまらない。	1157 答不出。 Dábuchū. 答えに詰まった。	1158 非要去。 Fēiyào qù. どうしても行かなくてはならない。
1159 炒新闻。 Chǎo xīnwén. ニュースをねつ造する。	1160 又没中。 Yòu méi zhòng. またはずれた。	1161 太有才! Tài yǒu cái! やり手だ!
1162 想死你。 Xiǎngsǐ nǐ. ①死ぬほど会いたい。 ②とっても恋しい。	1163 没法比。 Méifǎ bǐ. 比べようがない。(言葉や話が)	1164 很费解。 Hěn fèijiě. わかりにくい。

1165 出炉了！ Chūlú le! 出来上がり！	*1166* 感觉好。 Gǎnjué hǎo. 心地よい。	*1167* 最用心。 Zuì yòngxīn. 一番のこだわり。
1168 支持你。 Zhīchí nǐ. あなたを応援します。	*1169* 能打折。 Néng dǎzhé. 割引ができます。	*1170* 带你去。 Dài nǐ qù. ご案内します。
1171 何必呢！ Hébì ne! そんな必要はない！	*1172* 真积极。 Zhēn jījí. とても熱意がある。	*1173* 助助威。 Zhùzhuwēi. 声援を送る。
1174 我也是。 Wǒ yě shì. 私もそうです。	*1175* 亏不了。 Kuībuliǎo. 悪いようにはしない。	*1176* 拼命学。 Pīnmìng xué. 一生懸命に学ぶ。

1177 开个头。 Kāi ge tóu. 先陣を切る。	1178 弄到手。 Nòng dàoshǒu. 手に入れる。	1179 能养活。 Néng yǎnghuo. 養える。
1180 不好惹。 Bù hǎo rě. 手に負えない。	1181 继续干。 Jìxù gàn. やり続ける。	1182 睡落枕。 Shuì làozhěn. 寝違える。
1183 饱眼福。 Bǎo yǎnfú. 眼の保養になる。	1184 很卖座。 Hěn màizuò. (映画・劇等が)ヒットする。	1185 该多好！ Gāi duō hǎo! なんていいんだろう！
1186 务必去。 Wùbì qù. ぜひ行って下さい。	1187 要得罪。 Yào dézuì. ひんしゅくをかう。	1188 照办吧。 Zhàobàn ba. 決められた通りやろう。

1189 **数不清。** Shǔbuqīng. 数えきれないほどある。	*1190* **开眼界。** Kāi yǎnjiè. 目からうろこ。	*1191* **有智慧。** Yǒu zhìhuì. 知恵がある。
1192 **有功能。** Yǒu gōngnéng. 効き目がある。	*1193* **有心事。** Yǒu xīnshì. 心配事がある。	*1194* **有原因。** Yǒu yuányīn. わけがある。
1195 **有疑义。** Yǒu yíyì. 疑いがある。	*1196* **有特色。** Yǒu tèsè. 特色がある。	*1197* **有同感。** Yǒu tónggǎn. 同感です。
1198 **有预感。** Yǒu yùgǎn. 予感がする。	*1199* **有下落。** Yǒu xiàluò. 手がかりがある。	*1200* **真有你!** Zhēn yǒu nǐ! さすがあなただ!

第二部

最強の三文字
100

問う 三文字

1 怎么样?
Zěnmeyàng?
どうですか?

人であれ事物であれ対象の調子を尋ねる三文字。「仕事はどう?」「成績はどう?」「様子はどう?」「彼女はどう?」等。人に物事を問う積極性が会話の第一歩。

A：你 身体 怎么样?
　　Nǐ shēntǐ zěnmeyàng?

B：很 好。你呢?
　　Hěn hǎo. Nǐ ne?

A：お元気ですか?

B：元気です。あなたは?

2 怎么了?
Zěnme le?
どうしたの?

突然起こったり、発見したりしたことに対して、いぶかり、疑問を投げかける三文字。

A：小　王, 你 怎么 了?
　　Xiǎo Wáng, nǐ zěnme le?

B：我 有点儿 不 舒服。好像　感冒 了。
　　Wǒ yǒudiǎnr bù shūfu. Hǎoxiàng gǎnmào le.

A：王さん、どうしたの?

B：少し気分が悪くって。風邪をひいたようです。

3 怎么办？
Zěnme bàn?

どうしよう？

トラブル発生時の「どうしよう?」がこれ。周りの人々との相談や自身のひとりごとにも。

A：电梯 坏 了，怎么 办？
　　Diàntī huài le, zěnme bàn?

B：那 我们 走上去 吧。
　　Nà wǒmen zǒushangqu ba.

A：エレベータが故障している。どうしよう？

B：それじゃあ、歩いて上がりましょう。

4 怎么念？
Zěnme niàn?

どう読むの？

"怎么"には疑問詞として「どのように～する」と「何故～」の2つの意味があります。ここでは前者。"怎么"の後の動詞は様々に言い換えられます。"怎么写？""怎么说？""怎么做？"等々。

A：这个 汉字 怎么 念？
　　Zhèige Hànzì zěnme niàn?

B：念 毋，"不要，不可以" 的 意思。
　　Niàn wú, "Búyào, bù kěyǐ" de yìsi.

A：この漢字なんて読むの？

B：「wú」だよ。「だめです。」って意味。

5

吃什么?
Chī shénme?

何を食べますか？

「何」を問うのはとても大事な疑問。"什么"を動詞の後に付けたり、名詞の前に置くこともできます。"干什么？""什么事？""什么人？""什么书？"。

A：今天 晚饭，吃 什么?
Jīntiān wǎnfàn, chī shénme?

B：我 要 吃 咖喱饭。
Wǒ yào chī gālífàn.

A：今日の夕食、何を食べたい？

B：カレーライスが食べたいです。

6

在哪里?
Zài nǎli?

どこにいますか？

人や物の場所を尋ねる言葉。待ち合わせた場所に着いてから、携帯で相手の居場所を確認する人はたくさんいますね。

A：喂，你在哪里呢?
Wéi, nǐ zài nǎli ne?

B：就 在 你 的 后面。
Jiù zài nǐ de hòumian.

A：もしもし、どこにいるの？

B：君の後ろだよ。

7 为什么?
Wèishénme?

なぜですか？

何故なのかと疑問に思い、理由を問いただす際の代表的疑問詞。

A：我 想 跟你 分手。
　　Wǒ xiǎng gēn nǐ fēnshǒu.

B：为什么?
　　Wèishénme?

A：君と別れたいんだけど。

B：なぜなの？

8 有几个?
Yǒu jǐ ge?

何個ありますか？

"多少"が数の多い少ないに関係なく問えるのに対し、"几"は基本的に十以下を想定してその数を問います。但し、序数はその限りではありません。"今天几月几号?"。

A：你 有 几 个?
　　Nǐ yǒu jǐ ge?

B：比你多 两个。五个。
　　Bǐ nǐ duō liǎng ge.　Wǔ ge.

A：いくつ持ってるの？

B：君より二つ多くて、五つ。

9 可以吗?
Kěyǐ ma?

いいですか？

相手の許可をもらう時の決まり文句。これさえ覚えれば様々なトラブルからは離れられるでしょう。

A：在这儿吃，可以吗?
　　Zài zhèr chī, kěyǐ ma?

B：不行。到那儿吃吧。
　　Bù xíng. Dào nàr chī ba.

A：ここで食べてもいいですか？

B：だめです。あちらで食べてください。

10 哪一件?
Nǎ yí jiàn?

どの事ですか？

"哪"は選択を表す疑問詞。二つなら「どちら?」それ以上なら「どの〜?」。"件"は物事や衣服等を数える量詞。

A：你还记得那一件吗?
　　Nǐ hái jìde nà yí jiàn ma?

B：是哪一件?
　　Shì nǎ yí jiàn?

A：あなたまだあの事を覚えていますか？

B：どの事でしたっけ？

拒否する 三文字

1 我不去。
Wǒ bú qù.

行きません。

"没"が事実を否定するのに対し、"不"は主に意志の否定となります。拒否ももちろん大事な意思の表示です。

A：如果 想要 解手 的话，请 现在 就去 吧。
　　Rúguǒ xiǎngyào jiěshǒu dehuà, qǐng xiànzài jiù qù ba.

B：谢谢，我 不 去。
　　Xièxie, wǒ bú qù.

A：もし、トイレに行かれたいなら、どうぞ今、行ってください。

B：ありがとう。私は行きません。

2 不想吃。
Bù xiǎng chī.

食べたくない。

思いを伝える助動詞の"想"。"不吃"が直截的に「食べない」と聞こえるのに対し、同じ否定でも柔らか味を帯びます。

A：你 想 不 想 吃?
　　Nǐ xiǎng bu xiǎng chī?

B：我 不 想 吃，倒 想 喝杯茶。
　　Wǒ bù xiǎng chī, dào xiǎng hē bēi chá.

A：食べたいですか?

B：食べたくないです。それよりお茶が飲みたいです。

3 不能来。
Bù néng lái.

来られません。

「No！」と言えない日本人だが、否定も立派な自己主張。中国人の前では、しっかりとした意思の表示は必須。"能"は条件や状況から見てできることを表す助動詞。

A：下星期六的会议，你可以来吗?
　　Xià xīngqī liù de huìyì, nǐ kěyǐ lái ma?

B：对不起，我有事儿，不能来。
　　Duìbuqǐ, wǒ yǒu shìr, bù néng lái.

A：来週の土曜日の会議、来られますか？

B：すみません。用事があるので、来られません。

4 甭提了。
Béng tí le.

もう言わないで。

"不用～"（～するにおよばない、～する必要はない）の約まった形が"甭"。文字まで作ってしまったんですね。"别～"よりも"甭～"の方が少しやわらかな感じです。

A：上次考试，你考得怎么样?
　　Shàng cì kǎoshì, nǐ kǎode zěnmeyàng?

B：咳，甭提了，考得不好。
　　Hāi, béng tí le, kǎode bù hǎo.

A：この前の試験、どうだった？

B：あぁ、言わないでよ。最悪。

5 不用了。
Búyòng le.

≫ 726

結構です。

やんわりとていねいにお断りする時に使います。相手の好意を無にしないためにも覚えておきましょう。

A：我 帮 你 做 吧。
　　Wǒ bāng nǐ zuò ba.

B：不用 了。我 一个 人 做。
　　Búyòng le. Wǒ yí ge rén zuò.

A：お手伝いいたしましょう。

B：結構です。私一人でやりますから。

6 再说吧。
Zàishuō ba.

≫ 1054

またにしましょう。

この場合の"说"は、単に「話す」という意味ではなく広く「〜する」の意。多くは物事をやんわりと、でも実際はハッキリと断る時に使う。「また、今度のことにしよう」と。

A：你 什么 时候 去 找 她?
　　Nǐ shénme shíhou qù zhǎo tā?

B：对不起。我 很 忙。再 说 吧。
　　Duìbuqǐ. Wǒ hěn máng. Zài shuō ba.

A：あなたはいつ彼女を訪ねるんですか？

B：すみません。いま忙しいので、また今度ね。

7 看情况。
Kàn qíngkuàng.

状況次第です。

この場合の"看"は「〜次第、〜による」の意。"看东西"「物によりけり」、"看人"「人によりけり」等に使い、"看情况"も普通に「状況次第です」と使えますが、同時に婉曲的な拒絶としても使います。

A：你 能 帮 我 翻译 一下 吗?
　　Nǐ néng bāng wǒ fānyì yíxià ma?

B：看 情况 吧。
　　Kàn qíngkuàng ba.

A：ちょっと通訳をお願いできませんか。

B：そのうちにね。

8 算了吧。
Suàn le ba.

やめにしましょう。

必ず"〜了"を伴って、「もういいじゃない」「やめにしよう」「よそうよ」風なニュアンスで拒否を表します。似たものに"得了吧。"があります。

A：还是 我 跟 你 一起 去 吧。
　　Háishi wǒ gēn nǐ yìqǐ qù ba.

B：算 了 吧。我 一个 人 去。
　　Suàn le ba. Wǒ yí ge rén qù.

A：やっぱり一緒に行くよ。

B：いいよ、一人で行くから。

9 怎么行！
Zěnme xíng!

だめですよ。

"行"は「OK」「いいです」の意。ここでは疑問詞の"怎么"を使用して反語となっている。「どうしてよいものか」→「絶対にダメ」。

A：别 担心。我 明天 去给你买。
Bié dānxīn. Wǒ míngtiān qù gěi nǐ mǎi.

B：那 怎么 行 呢?
Nà zěnme xíng ne?

A：大丈夫。私が明日あなたの為に買いに行きます。

B：それはいけません!

10 得了吧！
Déle ba!

もういいよ！

「十分だ」「もういい」と話に結着をつける様に拒否をあらわします。口頭語にしか用いません。

A：他 说 要 从 下个月 开始 拍 电影。
Tā shuō yào cóng xià ge yuè kāishǐ pāi diànyǐng.

B：得了吧! 我 才 不信 呢。
Déle ba! Wǒ cái bú xìn ne.

A：彼、来月から映画を撮るんだって。

B：いいかげんにしてよ！ 信じないよ。

嘆く三文字

1. 多糟糕！
Duō zāogāo!

大変だ！

「しまった!」「えらいこっちゃ!」「何てことだ!」と事態の悪化に気付き、慌てて、嘆く思い。

A：下 雨 了。
　　Xià yǔ le.

B：多 糟糕！ 窗户 都 开着 呢。
　　Duō zāogāo!　Chuānghu dōu kāizhe ne.

A：雨ですね。

B：しまった! 窓はみんな開けっ放しだ。

≫ 325

2. 很遗憾。
Hěn yíhàn.

残念です。

何か過ちがあって自分自身残念に思ったり、それが相手に迷惑をかけている時に、相手に申し訳ないと思い、詫びる時に使う。

A：你 带着 照相机 吗?
　　Nǐ dàizhe zhàoxiàngjī ma?

B：我 没 带着， 很 遗憾。
　　Wǒ méi dàizhe,　hěn yíhàn.

A：カメラを持っていますか?

B：持っていません。残念です。

≫ 514

3

真倒霉。
Zhēn dǎoméi.

運が悪いなぁ。

"霉"はカビのこと。カビがたおれるって!? 実は"霉"は"楣"の字の代用。"楣"は戸口等の上に渡してある横木のことで、これが傾いていれば、やはり運が悪そうですね。

A：真 倒霉，我 的 钱包 丢 了。
Zhēn dǎoméi, wǒ de qiánbāo diū le.

B：别 着急，好好儿 找找。
Bié zháojí, hǎohāor zhǎozhao.

A：ついてないなぁ。サイフなくしちゃった。

B：あわてないで、よく探して。

4

没咒念。
Méi zhòuniàn.

打つ手なし。

苦しいときやピンチの時に唱える効き目のある呪文もないが原義。四面楚歌、最大のピンチ。あんまり使いたくないですが。

A：这事儿 我 是 没 有 办法 了。怎么 办?
Zhèi shìr wǒ shì méi yǒu bànfǎ le. Zěnme bàn?

B：我 也 没 咒念 了。
Wǒ yě méi zhòuniàn le.

A：この事は私はどうしようもできない。どうしよう？

B：私も打つ手はありません。

5 受不了。
Shòubuliǎo.

耐えられない。

≫ 199

中国語にはたくさんの「耐えられない」がありますが、日本語と中国語の最大の違いの如く、何が原因で「耐えられない」のか細かく分かれています。"受不了"は主に環境的に「耐えられない」の意。

A：北京 的 冬天 怎么样?
　　Běijīng de dōngtiān zěnmeyàng?

B：太 冷 了。我 受不了。
　　Tài lěng le. Wǒ shòubuliǎo.

A：北京の冬は如何ですか?
B：ものすごく寒くて、私は無理です。

6 太可惜!
Tài kěxī!

口惜しい。

≫ 396

「惜しい」「口惜しい」「残念だ」「なんとかならなかったのか」。"惜"は中国語でも「惜しむ」の意。"可"は"惜"を強める役割。

A：死机 了! 我 还 没 存盘 呢!
　　Sǐjī le! Wǒ hái méi cúnpán ne!

B：太 可惜 了!
　　Tài kěxī le!

A：フリーズしちゃった! 保存してないし!
B：つらいね!

7 真不巧!
Zhēn bù qiǎo!

本当に間が悪い。

≫ 318

"巧" はタイミングの良いこと。"不巧" は反対にタイミングや間の悪いことになります。

A：佐藤　先生　在 吗?
Zuǒténg xiānsheng zài ma?

B：真 不 巧，他 到 书店 买 书 去 了。
Zhēn bù qiǎo, tā dào shūdiàn mǎi shū qù le.

A：佐藤さんいますか？

B：間が悪いね。あいつ本屋に本を買いに行ったよ。

8 舍不得。
Shěbude.

つらい。

≫ 737

"舍" の元の字は「捨」。人や出来事や物が「捨てがたい」「忘れがたい」の意。ある時は「もったいない」。

A：小　王，你 别 走。
Xiǎo Wáng, nǐ bié zǒu.

B：其实，我 也 舍不得 离开 你。
Qíshí, wǒ yě shěbude líkāi nǐ.

A：王さん、行かないで。

B：ほんとうは、私も君と離れたくないんだ。

9　没办法。
Méi bànfǎ.

仕方ない。

≫ 211

"办法"は「方法」「やり方」。方法がないから、「どうしようもない」というわけです。昔の人はこれを多用する人が多かったそうですが、今は"有办法"「やり手」が多いようです。

A：末班车 没了！
　　Mòbānchē méi le!

B：没 办法，我们 只 能 走着 回去 了。
　　Méi bànfǎ, wǒmen zhǐ néng zǒuzhe huíqu le.

A：最終のバスがなくなっちゃったよ。

B：仕方ないね。僕たち歩いて帰るしかないよ。

10　没意思。
Méi yìsi.

おもしろくない。

≫ 136

"意思"は「意味」とか「おもしろみ」の意。対象物に何か引かれるものがある時に使われる。あれば、"有意思"「おもしろい」。

A：这 本 书你觉得 怎么样？
　　Zhèi běn shū nǐ juéde zěnmeyàng?

B：没 意思。
　　Méi yìsi.

A：この本をあなたはどう思いますか？

B：おもしろくないですね。

忠告する三文字

1 別着急!
Bié zháojí!

慌てないで。

"着急"は「気をもむ」「慌てる」の意。"別"は"不要……"と同義で「～してはいけない」等の制止、禁止あるいは諌止を表します。

A：对不起。我还没写完呢。
　　Duìbuqǐ. Wǒ hái méi xiěwán ne.

B：别着急。明天提交就可以。
　　Bié zháojí. Míngtiān tíjiāo jiù kěyǐ.

A：すみません。私はまだ書き終えていないんです。

B：慌てないで。明日提出すればいいですから。

2 別当真!
Bié dàngzhēn!

本気にしないで。

"当"はここでは「～とみなす」の意。つまり、「真と見做す」→「真に受ける」の意。「本気にするなよ」。

A：他说我脑子笨。
　　Tā shuō wǒ nǎozi bèn.

B：他那是开玩笑，别当真。
　　Tā nà shì kāi wánxiào, bié dàngzhēn.

A：彼は私が頭が悪いって言うんです。

B：彼のは冗談ですよ。真に受けないで。

3 别勉强。
Bié miǎnqiǎng.

無理をしないで。

≫ 370

中国語の"**勉强**"は「無理をする」の意。つまり勉め強いるが原義。日本語の「勉強」の意味はありません。勉め強いるが勉強することなんて、ちょっとつらいですヨネ。

A：工作 量 太 大，没 做完。
　　 Gōngzuò liàng tài dà, méi zuòwán.

B：别 勉强。
　　 Bié miǎnqiǎng.

A：仕事が多すぎてやり終わらないんだ。

B：無理するなよ。

4 轻点(儿)吧。
Qīng diǎn(r) ba.

そっと。

≫ 591

"**轻**"は形容詞の「軽い」。"**点**"を付けて動かない形容詞が動き出します。「軽めにして」→「そっとね」。

A：这个 东西 要 轻 拿 轻 放，搬运 时，轻 点 吧！
　　 Zhèige dōngxi yào qīng ná qīng fàng, bānyùn shí, qīng diǎn ba!

B：明白 了。
　　 Míngbai le.

A：この品物は丁寧に取り扱わなければいけません。運ぶ時はそっとね。

B：わかりました。

5

斯文些。
Sīwen xiē.

おしとやかにしなさい。

"(一)些"は"一点儿"と同じ不定量詞（動作を数えるもの）。形容詞の後に付けると"一点儿"と同様に動きのない形容詞が動き出します。

A：女孩子家的，斯文些。
Nǚ háizi jiā de, sīwen xiē.

B：为什么 要 那么斯文呢?
Wèishénme yào nàme sīwen ne?

A：女の子なんだから、おしとやかにしなさい。

B：なんでおしとやかにしなきゃいけないの？

6

保险些。
Bǎoxiǎn xiē.

ずっと安心。

"保险"は「保険」。名詞でもあるが、ここでは形容詞として「安心である」の意味。"些"は量詞で少し。"点儿"と同じく、動きのない形容詞に動きを与えている。

A：那个 演唱会 很 受 欢迎，你提前去买 票，保险 些。
Nèige yǎnchànghuì hěn shòu huānyíng, nǐ tíqián qù mǎi piào, bǎoxiǎn xiē.

B：好，我 现在就 去。
Hǎo, wǒ xiànzài jiù qù.

A：あのコンサートはとても評判がいいんだ。事前にチケットを買っておいた方が安心だよ。

B：そうだね。今から買いに行くよ。

7 慢慢(儿)来。
Mànmān(r) lái.

≫ 595

ゆっくりやりなさい。

ここでの"来"は「来る」という意味ではなく、代動詞としての"来"。様々な場面で「〜する」ことを表します。「ゆっくりと」「落ち着いて」「周囲を気にしないで」やってください。

A：是 这样 做 吗?
　　Shì zhèiyàng zuò ma?

B：对。慢慢(儿)来，别 着急。
　　Duì. Mànmān(r) lái, bié zháojí.

A：こんなふうにするのですか?

B：そうです。ゆっくりやりなさい、焦らないで。

8 快躲开!
Kuài duǒkāi!

≫ 60

早くよけなさい。

"躲"は「身を躲(かわ)す」の意の動詞。瞬時に隠れ、よけること。"〜开"は補語として、「離れる」のニュアンスを付け加えている。「よけ、離れ去ること」。危険な際の一声。

A：哎呀，汽车 来 了。快 躲开。
　　Aiya, qìchē lái le. Kuài duǒkāi.

B：知道 了。
　　Zhīdao le.

A：ワァ、車が来たよ。早くよけなさい。

B：わかった。

9

值得看。
Zhíde kàn.

見る価値がある。

"值得〜"は「〜するのに価する」の意。"〜"の動詞をいろいろと変えて、"**值得吃**"「食べてみる価値がある」、"**值得读**"「読む価値がある」等々。

A：日本的 富士山 很 有名。值得 看。
Rìběn de Fùshìshān hěn yǒumíng. Zhíde kàn.

B：那我 明年 春天 到 日本 去 看看。
Nà wǒ míngnián chūntiān dào Rìběn qù kànkan.

A：日本の富士山は有名だよ。見る価値があるよ。

B：それじゃあ、来年の春に日本に見に行くよ。

10

別理他。
Bié lǐ tā.

彼にかまわないで。

"**理**"はこの場合は「構う」「相手にする」の意味。"**別理我**"「構わないでよ」。

A：那个 人 怎么 插队 呢。太 没有 礼貌 了。
Neìge rén zěnme chāduì ne. Tài méiyǒu lǐmào le.

B：別 理 他。
Bié lǐ tā.

A：あの人なんで割り込むんだろう。ほんとに礼儀知らずだ。

B：相手にするなよ。

忠告する三文字

詫びる三文字

1 对不起!
Duìbuqǐ!

すみません。

≫ 32

相手に詫びる時の常套句。「申し訳がない」。以前にはなかった使い方として、現在では日本語の「すみません」と同様、ものを尋ねたりする際の呼びかけとしても使います。

A：我 一 个 小时　前 就 到 了。
　　Wǒ yí ge xiǎoshí qián jiù dào le.

B：让 你 久 等 了。对不起。
　　Ràng nǐ jiǔ děng le.　Duìbuqǐ.

A：私は一時間前に来ていました。

B：長い間お待たせしました。すみません。

2 请原谅。
Qǐng yuánliàng.

お許しください。

≫ 269

原義は「許しを請う」「諒承を願う」の意。相手の気持ちを思いやり、ていねいさを感じる。

A：请　原谅，我 来晚 了。
　　Qǐng yuánliàng, wǒ láiwǎn le.

B：没 关系。不 晚。
　　Méi guānxi. Bù wǎn.

A：申し訳ありません。遅れてしまいました。

B：かまいませんよ。遅くないです。

3

很抱歉。
Hěn bàoqiàn.

申し訳ありません。

≫ 609

"对不起"よりもていねいなあやまりの言葉。失敗したり、相手に迷惑をかけてしまったら、素直に言いましょう。

A：你 怎么 没 把 作业 带来?
Nǐ zěnme méi bǎ zuòyè dàilai?

B：很 抱歉，我 忘了。
Hěn bàoqiàn, wǒ wàngle.

A：なんで宿題を持って来なかったの?

B：申し訳ありません。忘れてしまいました。

4

麻烦您。
Máfan nín.

ご面倒をおかけします。

≫ 274

人に何かをしていただいたり、面倒をかけるような時、相手の方にお詫びをしながら感謝を表す。「お手数をかけます」「ご迷惑をおかけします」。

A：你 带 的 东西 太 多 了，我 帮 你 拿 吧。
Nǐ dài de dōngxi tài duō le, wǒ bāng nǐ ná ba.

B：谢谢，麻烦 您 了。
Xièxie, máfan nín le.

A：そんなにたくさん荷物をお持ちになって、私がお持ちしましょう。

B：ありがとう。ご面倒をおかけします。

詫びる三文字

5 打搅您。
Dǎjiǎo nín.

≫ 275

お邪魔します。

「場をかき乱す」が原義。間違って知らないグループの集まる部屋をのぞきこんで謝る時、または人の家を訪問し「お邪魔」をした時に使用。

A：这是我的房间。请进。
Zhèi shì wǒ de fángjiān. Qǐngjìn.

B：打搅您了。
Dǎjiǎo nín le.

A：これが私の部屋です。どうぞお入りください。

B：お邪魔いたします。

6 都怪我。
Dōu guài wǒ.

≫ 321

みんな私のせいです。

ここでの"怪"は"责怪"「とがめる」の意。日本語の「怪我」は、やはり自分のせいなんでしょうね。

A：这都怪我。
Zhè dōu guài wǒ.

B：不怪你，是我没说清楚。
Bú guài nǐ, shì wǒ méi shuōqīngchu.

A：これはすべて私のせいです。

B：君は悪くない。私がはっきりと言わなかったからです。

7

难为情。
Nánwéiqíng.

きまりが悪い。

≫ 600

自分自身の失敗で恥ずかしかったり、相手の方の為にしてあげられなくて申し訳なかったり。

A：答应 吧，办不到，不 答应 吧，又 有点儿 难为情。
　　Dāying ba, bànbudào, bù dāying ba, yòu yǒudiǎnr nánwéiqíng.

B：没 办法，还是 实事求是 地 说 好。
　　Méi bànfǎ, háishi shíshìqiúshì de shuō hǎo.

A：認めたらできないし、認めなかったら申し訳が立たないし。

B：仕方がないよ。やはり、ありのままを言うのがいいよ。

8

慢待了。
Màndài le.

行き届きませんで。

≫ 945

"怠慢（dàimàn）"とも言う。謙譲語として「もてなしが行き届かない」が原義。

A：不 好 意思，今天 慢待 了，请 多多 包涵。
　　Bù hǎo yìsi, jīntiān màndài le, qǐng duōduō bāohán.

B：您 太 客气 了！
　　Nín tài kèqi le!

A：申し訳ありませんね。今日は行き届きませんで。どうぞお許しください。

B：何をおっしゃるんです。

9 不敢当。
Bùgǎndāng.

恐れ入ります。

≫ 608

他の人から自分に対する賛辞や接待を受ける資格がないという意味合いで、謙遜の為に詫びるのである。

A：松本　先生，您可是日本　著名　的艺术家呀！
　　Sōngběn xiānsheng, nín kě shì Rìběn zhùmíng de yìshùjiā ya!

B：不敢当，不敢当。
　　Bùgǎndāng, bùgǎndāng.

A：松本さんあなたって本当に日本の有名な芸術家なんですね！

B：恐れ入ります。

10 失礼了。
Shīlǐ le.

失礼しました。

≫ 1149

「礼を欠いてしまいました」という意味合いで日本語と同じように使えます。日本、中国どちらも人間関係において「礼」を尊ぶのは基本です。

A：没有　亲自去　机场　接您，失礼了。
　　Méiyǒu qīnzì qù jīchǎng jiē nín, shīlǐ le.

B：没关系，您工作　这么忙，有小李去接我就足够了。
　　Méi guānxi, nín gōngzuò zhème máng, yǒu Xiǎo Lǐ qù jiē wǒ jiù zúgòu le.

A：私が空港にお迎えに伺えず失礼いたしました。

B：いいえ、お忙しいでしょうから、李さんに迎えていただいて充分でした。

誉める 三文字

1. 了不起！
Liǎobuqǐ!

最高！

≫ 228

たくさんある誉め言葉の代表選手。親指を立てながら言う人も多くいます。

A： 中国人 说 "了不起" 的 时候，常 伸 大拇哥。
Zhōngguórén shuō "liǎobuqǐ" de shíhou, cháng shēn dàmǔgē.

B： 跟 美国人 一样 啊。
Gēn Měiguórén yíyàng a.

A：中国人は「すばらしい」と言う時は、いつも親指を伸ばします。

B：アメリカ人と同じですね。

2. 挺不错。
Tǐng búcuò.

大変良い！

≫ 557

動詞の "错" は「誤る」の意。おつりを数えて間違いのなかった時にも "不错" と言いますが、ここでは日本語と同様「間違いなし」→「すばらしい!」という具合に形容詞に変わったのです。

A： 这 件 衣服 怎么样?
Zhèi jiàn yīfu zěnmeyàng?

B： 挺 不错!
Tǐng búcuò!

A：この服はどう?

B：最高!

3

真精彩!
Zhēn jīngcǎi!

すばらしい!

≫ 696

人や物を誉め、自然をめでる言葉は、聞く方も言う方も気持ちがいい。"**精彩**"は主に、演劇、スポーツ等で用いられる誉め言葉。

A：昨天　晚上　的世界杯比赛真　精彩。
　　Zuótiān wǎnshang de shìjièbēi bǐsài zhēn jīngcǎi.

B：我也看了。精彩极了。
　　Wǒ yě kàn le.　Jīngcǎi jíle.

A：昨夜のワールドカップの試合はほんとうにすばらしかった。

B：私も見ましたよ。すごかったですね。

4

你真帅。
Nǐ zhēn shuài.

あなたは格好いい。

≫ 631

"**帅**"は「かっこいい!」「素敵!」「立派」。よく使われます。"**帅**"は"**率**"と書くこともあります。元々は北京語です。

A：你　真　帅!
　　Nǐ zhēn shuài!

B：你比我更　帅!
　　Nǐ bǐ wǒ gèng shuài!

A：君、格好いいね!

B：あなたは私より素敵です!

5 太神了。
Tài shén le.

神業だ！

≫ 1150

"神"には「神業である」「とても巧妙である」の意味があります。そういえば日本の若者も「神だ!」と言って人の卓越した技等を誉めていましたね。

A：玩儿 老虎机 赚了 五 万 日元。
Wánr lǎohǔjī zhuànle wǔ wàn Rìyuán.

B：太 神 了!
Tài shén le!

A：パチンコで五万稼いだよ。

B：すごいな。

6 有人气。
Yǒu rénqì.

人気がある。

≫ 915

日本語の「人気」から、人気の出た言い回し。今や立派な現代中国語となっている。元々の"人气"は「人間らしさ」の意。

A：村上 春树 的 小说 在 中国 也 有 人气 吗?
Cūnshàng Chūnshù de xiǎoshuō zài Zhōngguó yě yǒu rénqì ma?

B：有。很 有 人气!
Yǒu. Hěn yǒu rénqì!

A：村上春樹の小説は中国でも人気がありますか？

B：あります。とても人気があります。

7 美极了!
Měi jíle!

美しい!

"美"は人や風景が「美しい」の意。"极了"は形容詞の後に付けて、強い程度を表す程度補語の一種です。

A：日本 的 樱花 怎么样?
　　Rìběn de yīnghuā zěnmeyàng?

B：美 极了!
　　Měi jíle!

A：日本の桜はいかがです?

B：美しい!

8 真用功。
Zhēn yònggōng.

本当によく勉強する。

ここでの"用功"は形容詞として、「勤勉である、熱心に学ぶ」の意。皆さんのような方に使います。

A：我 每天 要 学 一 两 个 小时 汉语。
　　Wǒ měitiān yào xué yì liǎng ge xiǎoshí Hànyǔ.

B：你 真 用功, 让 人 佩服。
　　Nǐ zhēn yònggōng, ràng rén pèifu.

A：私は毎日一、二時間は中国語を学びたいです。

B：勉強熱心ですね。敬服しますよ。

9

运气好。
Yùnqi hǎo.

運がよい。

"运"の元の字は「運」です。世の中には抽選に強かったりして、ほんとうに運のいい人はいるものです。私たちもあやかりたいものです。"好运气！"と言っても同様です。

A：我 中了　出境游 的 大奖。
　　Wǒ zhòngle chūjìngyóu de dàjiǎng.

B：你 运气 好！
　　Nǐ yùnqi hǎo!

A：外国旅行の特賞を取ったんだ。

B：君は運がいいなぁ!

10

太好了。
Tài hǎo le.

とてもいい！

形容詞の"好"には「良い」と「元気」の意味があります。"太"は副詞で程度がとても高いことを表します。

A：我 也 找到 新 工作 了。
　　Wǒ yě zhǎodào xīn gōngzuò le.

B：太 好 了！
　　Tài hǎo le!

A：私も新しい仕事を見つけました。

B：よかったですね!

要求する 三文字

≫ 452

1 要大的。
Yào dà de.

大きいものを下さい。

"要"は動詞として「ほしい」の意。ズバリ要求の必須語。私たちの欲しいものは山ほど。「お金」「時間」「家」……そして「平和」。

A：你要 什么样 的?
Nǐ yào shénmeyàng de?

B：要 大 的。
Yào dà de.

A：どのようなものが欲しいんですか？

B：大きいのを下さい。

≫ 361

2 叫他来！
Jiào tā lái!

彼を来させて！

ここでの"叫"は動詞として「～に～させる」の意味です。"请"と比べると丁寧さに欠けます。"请他说"「彼に話していただく」、"叫他说"「彼に話させる」。

A：王 女士 在不在?
Wáng nǚshì zài bu zài?

B：在。我 马上 叫她来，请 稍 等 一会儿。
Zài. Wǒ mǎshàng jiào tā lái, qǐng shāo děng yíhuìr.

A：王さんはおられますか？

B：おります。すぐ呼んでまいります。しばらくお待ちください。

3

请他说。
Qǐng tā shuō.

彼に話してもらう。

ここでの "请" は「お願いする」「頼む」の意。年上の方や見知らぬ方に何かをしていただく時にお使いください。丁寧さがあります。

A：他 是 这个 方面 的 专家。
　　Tā shì zhège fāngmiàn de zhuānjiā.

B：我们 请 他 说 吧。
　　Wǒmen qǐng tā shuō ba.

A：彼はこの道の専門家です。

B：私たちは彼に話していただこうよ。

4

托他买。
Tuō tā mǎi.

彼に買ってもらう。

"托" は「託す」、「委託する」の意。そういえば中国でも「託児所」のことを "托儿所" って言ってますね。

A：今天 下午 小 王 要 到 街上 去。
　　Jīntiān xiàwǔ Xiǎo Wáng yào dào jiēshang qù.

B：那 我们 托 他 买 吧。
　　Nà wǒmen tuō tā mǎi ba.

A：今日の午後、王さんは街へ行くよ。

B：それじゃあ私達、彼に買ってきてもらいましょうよ。

5

要我去。
Yào wǒ qù.

私に行くようにたのむ。

≫ 533

ここでの"要"は動詞として「(人に〜を) 頼む、要求する」の意。

A : 你 去 新宿 干 什么?
Nǐ qù Xīnsù gàn shénme?

B : 山本 要 我 去 买 下 星期 的 电影票。
Shānběn yào wǒ qù mǎi xià xīngqī de diànyǐngpiào.

A : 新宿に何をしに行くの?

B : 山本さんが来週の映画のチケットを買いに行ってって言うんだ。

6

想退货。
Xiǎng tuìhuò.

返品したいのですが。

≫ 969

助動詞としての"想"「〜したい」は『要求』の必須用語。"想吃""想去""想说""想买" etc.。

A : 这 是 我 刚才 在 这里 买 的, 买 小 了。想 退货。
Zhèi shì wǒ gāngcái zài zhèli mǎi de, mǎi xiǎo le. Xiǎng tuìhuò.

B : 您 有 发票 吗?
Nín yǒu fāpiào ma?

A : これは先程ここで買ったんですが、小さめのを買ってしまったので、

　　返品したいんですが。

B : レシートはお持ちですか?

7 愿意去。
Yuànyì qù.

行きたいと願う。

"愿"の元の字は"願"。"愿意~"は助動詞として「願う」「(強く)思う」の意。同じ「思う」でも"想"よりも思いが強いです。

A：我 下个月 去 迪斯尼，你 愿 不 愿意 去?
　　Wǒ xià ge yuè qù Dísīní, nǐ yuàn bu yuànyì qù?

B：愿意 去。
　　Yuànyì qù.

A：私、来月ディズニーランドに行くんだけど、あなた行きたい?

B：行きたいよ。

8 务必去。
Wùbì qù.

ぜひ行って下さい。

"务必"は副詞として「是非とも~」の意。「~してもらいたい」気持ちが強くなって、時には押しつけがましい感じを与えてしまいがちです。

A：那部 电影 挺 有意思的，请 你 务必 去 看 一 次。
　　Nèi bù diànyǐng tǐng yǒu yìsi de, qǐng nǐ wùbì qù kàn yí cì.

B：好，我 一定 去。
　　Hǎo, wǒ yídìng qù.

A：あの映画は本当におもしろいよ。あなた是非見に行ってください。

B：わかりました。必ず行きます。

9

拜托您。
Bàituō nín.

よろしくお願いします。

要求は人間の生きている証し。わがままはいけないが自分の思いを通したい場合もある。"拜托您"はやさしく、しかし、あくまでお願いしたい時の後押しに。そこのところどうぞよろしく。

A：这个 东西太 重了。我去找 个人 帮忙。
　　Zhèige dōngxi tài zhòng le. Wǒ qù zhǎo ge rén bāngmáng.

B：拜托您了。
　　Bàituō nín le.

A：この品物はとても重いです。私は手伝ってくれる人を探してきます。

B：よろしくお願いします。

10

来人啊！
Lái rén a!

誰かー、来てー！

人を呼びつける時に使うのですが、危険な時、緊急性を帯びて助けを求める時の決まり文句となります。

A：来人啊！救命哪！
　　Lái rén a! Jiùmìng na!

B：快 报警！
　　Kuài bàojǐng!

A：誰か来て！助けて！

B：早く警察を呼んで！

誘う三文字

1　开始吧！
Kāishǐ　ba!

始めましょう！

文の最後につく助詞"～吧"は、ここでは誘いかけの役割を果たしている。"吃吧"「食べよう」、"回家吧"「家へ帰ろう」等々。

A：我们 开始 练习 吧。
　　Wǒmen kāishǐ liànxí ba.

B：好，开始 吧。
　　Hǎo, kāishǐ ba.

A：私たち練習を始めましょう。

B：はい、始めましょう。

2　休息吧！
Xiūxi　ba!

休みなさい。

"休息"は「休む」「休憩する」「休業する」の意。"吧"はここでは語気詞として上の例と同様に「～しなさい」と誘いかけを表しています。睡眠時には「おやすみなさい」の挨拶語ともなります。

A：老 王，我 有点儿 不 舒服，可以 休息 一下 吗？
　　Lǎo Wáng, wǒ yǒu diǎnr bù shūfu, kěyǐ xiūxi yíxià ma?

B：可以。快 去休息 吧。
　　Kěyǐ. Kuài qù xiūxi ba.

A：王さん、少し具合が悪いので、休んでもいいですか？

B：いいよ。早く休みなさい。

3 请喝茶!
Qǐng hē chá!

お茶をどうぞ。

この場合の"请"は「どうぞ、どうか」の意味の動詞。この"请"一つと、後はジェスチャーであらゆる状況に対応ができる…かも。

A：你 工作了 半天，累 了 吧？请 喝 茶。
　　Nǐ gōngzuòle bàntiān, lèi le ba? Qǐng hē chá.

B：谢谢！
　　Xièxie!

A：長い間働いて疲れたでしょう？お茶をどうぞ。

B：ありがとう。

4 请收下。
Qǐng shōuxia.

お納め下さい。

"收"は日本語の「収」。「受け取る」の意味の動詞。補語としての"～下"が付いて、「残存」すなわち、「しっかりとお収め下さい」というニュアンスを付加している。

A：这 是 我的 一点儿 心意，请 收下。
　　Zhèi shì wǒ de yìdiǎnr xīnyì, qǐng shōuxia.

B：你太客气了。真 不好意思。谢谢 了！
　　Nǐ tài kèqi le. Zhēn bù hǎo yìsi. Xièxie le!

A：これは私のほんの気持ちです。どうぞお収め下さい。

B：お気遣いなく。申し訳ありません。ありがとう。

5 您先请。
Nín xiān qǐng.

あなたお先にどうぞ。

>> 1128

副詞としての"先"は「前に、先に」の意。「先に〜してください。」は、時に相手を立てることを意味しますよね。そう言えば同じ立てるでも英語では"after you"ですね。

A：这 是 今年 的新茶，不 知 味道 怎么样？ 您 先 请。
　　Zhèi shì jīnnián de xīnchá, bù zhī wèidao zěnmeyàng? Nín xiān qǐng.

B：那 就 不 客气 了，我 先 品尝 一下。
　　Nà jiù bú kèqi le, wǒ xiān pǐncháng yíxià.

A：これは今年の新茶です。味はわかりませんが、お先にどうぞ。

B：それでは遠慮なくお先に味わわせていただきます。

6 该你了。
Gāi nǐ le.

あなたの番です。

>> 121

"该"は助動詞としては「〜すべきだ」という意味だが、動詞としては、"该……了"という形をとって「〜の番だ」の意味を表す。"该……了"の中は名詞を入れることができる。

A：下面 该 你 了。
　　Xiàmian gāi nǐ le.

B：我 不 会 唱。
　　Wǒ bú huì chàng.

A：次はあなたの番です。

B：私は歌えません。

7

提意见。
Tí yìjiàn.

意見を出す。

"提"は動詞として様々な意味を持っているが、ここでは「提起する」の意。"意见"は「意見」と、さらに「反論」や「異論」といった意味合いがある。

A：刚才 讲 的 是 我 个人 的 意见，下面 请 大家 提提 意见 吧。
　　Gāngcái jiǎng de shì wǒ gèrén de yìjiàn, xiàmian qǐng dàjiā títi yìjiàn ba.

B：您的 想法 很 好，我们 没有 什么 意见。
　　Nín de xiǎngfǎ hěn hǎo, wǒmen méiyǒu shénme yìjiàn.

A：さっきお話ししたのは私個人の意見です。次は皆さんの意見をおっしゃってください。

B：あなたのお考えはすばらしい、私共はとくに申し上げることはありません。

8

帮你拿。
Bāng nǐ ná.

お持ちしましょう。

"帮"は動詞で「助けて～する」の意。「あなたを助けて持つ」→「かわりに持つ」。

A：我的 东西 太 多 了！
　　Wǒ de dōngxi tài duō le!

B：来，我 帮 你 拿 吧。
　　Lái, wǒ bāng nǐ ná ba.

A：荷物が多すぎるよ!

B：さあ、私がお持ちしましょう。

9 我请客。
Wǒ qǐngkè.

私がおごります。

≫ 153

"我请客"は"我请你的客"のようにも言えます。「お金を出してもてなす」の意。日常的に一緒にコーヒーを飲んでおごってあげる時等にも使ってください。

A：多少 钱？
Duōshao qián?

B：好了，今天 我 请客。
Hǎo le, jīntiān wǒ qǐngkè.

A：おいくらですか？

B：いいよ、今日は私がごちそうするから。

10 只管说。
Zhǐguǎn shuō.

かまわずに話す。

≫ 259

副詞の"只管〜"は「かまわずにどんどん〜する」の意。禅宗の教えにも「只管打坐（しかんたざ）」＝「ひたすら座り続ける」というのがありました。

A：有 什么 疑问，你 只管 说。
Yǒu shénme yíwèn, nǐ zhǐguǎn shuō.

B：谢谢，让 我 想想。
Xièxie, ràng wǒ xiǎngxiang.

A：何か疑問がおありなら、どんどんおっしゃってください。

B：ありがとう。ちょっと考えさせてください。

喜ぶ 三文字 �89

≫ 182

1 很高兴。
Hěn gāoxìng.

とても嬉しい。

喜びを表す代表的な言葉。何よりも初対面の方との挨拶には欠かせません。人との出会いが人生を導いてくれます。お会いできて「嬉しいです」。

A：**认识你，很 高兴**。
　　Rènshi nǐ, hěn gāoxìng.

B：**我 也 很 高兴**。
　　Wǒ yě hěn gāoxìng.

A：あなたと知り合えて嬉しいです。

B：私も嬉しいです。

≫ 976

2 很愉快。
Hěn yúkuài.

とても楽しい。

日本人にはなじみのある同義の言葉。楽しい気持ちを伝えます。口語としては主に、南方で使われています。

A：**这 次 日本 旅游 玩儿得 愉快 吗?**
　　Zhèi cì Rìběn lǚyóu wánrde yúkuài ma?

B：**很 愉快**。
　　Hěn yúkuài.

A：今回の日本旅行は楽しめましたか？

B：楽しかったです。

3 挺开心。
Tǐng kāixīn.

≫ 838

とてもスカッとした。

心を開く。→スカッとする。→楽しい。中国人社会の中ではここ十数年よく耳にする言葉。昔に比べて楽しいことが増えているのでしょう。

A：好莱坞城 玩儿得 怎么样?
　　Hǎoláiwùchéng wánrde zěnmeyàng?

B：挺 开心!
　　Tǐng kāixīn!

A：USJはどうでしたか?

B：楽しかった!

4 祝贺您!
Zhùhè nín!

≫ 319

おめでとうございます！

"祝贺"は日本語と同じく人やグループに対し、物事のめでたさを祝うこと。動詞にも名詞にもなります。

A：我 已经 找好 工作 了，马上 要 上班 了。
　　Wǒ yǐjing zhǎohǎo gōngzuò le, mǎshàng yào shàngbān le.

B：祝贺 您。
　　Zhùhè nín.

A：私はもう仕事をちゃんと見つけました。もうすぐ働きます。

B：おめでとう。

5

新年好!
Xīnnián hǎo!

明けましておめでとう!

≫ 550

新暦と旧暦の差こそあれ、新しい年を祝う気持ちは中国人も日本人も一緒。あらたまった気分で「よい新年になりますように!」。

A：新年 好!
　　Xīnnián hǎo!

B：新年 快乐!
　　Xīnnián kuàilè!

A：明けましておめでとう!

B：おめでとう!

6

谢谢您!
Xièxie nín!

ありがとうございます。

≫ 98

感謝を表す代表選手。"您"は"你"よりもていねいな二人称。心をこめてお使いください。

A：你把车次改一下就可以了。
　　Nǐ bǎ chēcì gǎi yíxià jiù kěyǐ le.

B：我知道了，谢谢您。
　　Wǒ zhīdao le, xièxie nín.

A：列車を変更されれば大丈夫です。

B：わかりました。ありがとうございます。

7 欢迎您!
Huānyíng nín!

ようこそ!

"欢迎"は「歓迎する」の意の動詞。喜んで、温かく受け入れること。ありがたく、嬉しい言葉ですね。

A：好 久 不 见。您 好!
　　Hǎo jiǔ bú jiàn. Nín hǎo!

B：欢迎 您。快 进来。
　　Huānyíng nín. Kuài jìnlai.

A：久しぶりですね。お元気ですよね。

B：ようこそ。早くお入りください。

8 崇拜她。
Chóngbài tā.

彼女に夢中。

動詞の"崇拜"「崇拝する」は日本語としても使いますが、近年、好きなアイドルやスターに対してもよく使います。あなたにとってはどなたなのでしょう。

A：那个 女 主角 演得 真 好，长得 也 漂亮。
　　Nèige nǚ zhǔjué yǎnde zhēn hǎo, zhǎngde yě piàoliang.

B：我 很 崇拜 她。
　　Wǒ hěn chóngbài tā.

A：あのヒロインは演技もうまいし、綺麗だね。

B：僕は彼女のファンなんだ。

9 很满意。
Hěn mǎnyì.

≫ 762

満足です。

物事に満足したり、納得した時に使います。「これでよろしいでしょうか?」「いいね」。

A：这个 带 洗澡间 的 单人 房间，您 满意 吗?
　　Zhèige dài xǐzǎojiān de dānrén fángjiān, nín mǎnyì ma?

B：很 满意。
　　Hěn mǎnyì.

A：このバスルーム付きのシングルの部屋でご満足いただけますか?

B：よろしいです。

10 激动了!
Jīdòng le!

≫ 536

感動した。

中国語の"激动"は、外からわかるような感動・興奮を表し、「感動させる」の意味でも使われる。

A：你 都 流 眼泪 了。
　　Nǐ dōu liú yǎnlèi le.

B：我 太 激动 了。
　　Wǒ tài jīdòng le.

A：ずいぶん泣いてますね。

B：感動しました。

励まし思いやる三文字

1. 加油吧！
Jiāyóu ba!

がんばりなさい！

「給油する」「燃料補給する」の意味合いで、「がんばる」「元気づける」の意となる。競技の時の「フレー! フレー!」のかけ声。ほら、耳を澄ますと聞こえてきますヨ。

A：我 将来 的 梦想 是 当 歌星。
　　Wǒ jiānglái de mèngxiǎng shì dāng gēxīng.

B：加油 吧！
　　Jiāyóu ba!

A：私の将来の夢は歌手のスターになることです。

B：がんばって!

2. 别灰心。
Bié huīxīn.

がっかりしないで。

夢と希望にあふれる「バラ色」の反対は「灰色」。そんな気持ちにならないように。

A：这次没 打好，又 输 了。
　　Zhèi cì méi dǎhǎo, yòu shū le.

B：别 灰心，下次 再 加把 劲儿 吧。
　　Bié huīxīn, xiàcì zài jiā bǎ jìnr ba.

A：今回はちゃんとできなくて、また負けました。

B：がっかりしないで。次回またがんばりなさい。

3 别担心。
Bié dānxīn.

心配しないで。

"担心"は「心配する」の意。悩みを心に担うのはおやめなさい、という意味合いなのでしょう。

A:快要 下雨 了。
　　Kuàiyào xià yǔ le.

B:别 担心。我 带着 伞 呢。
　　Bié dānxīn. Wǒ dàizhe sǎn ne.

A:雨が降りそうです。

B:心配しないで。傘を持ってますから。

4 放心吧！
Fàngxīn ba!

安心して！

この一言で悩んでいる人の気持ちが癒されます。"放心"は「(かかっていた) 心をおろす」こと。"安心"は「心を落ちつける」の意。

A:你 放心 吧，这 件 事 我 包 了。
　　Nǐ fàngxīn ba, zhèi jiàn shì wǒ bāo le.

B:那，太 感谢 你 了。
　　Nà, tài gǎnxiè nǐ le.

A:安心しなさい。この事は私が請け負います。

B:それはほんとうにありがたい。

5

累了吧?
Lèi le ba?

疲れたでしょう？

思いやりの一声は人間関係の潤滑油。"累了吧？"の"吧"は推量の語気詞。相手の行動を思いやって使ってみてください。

A：小 王，你累了吧?
Xiǎo Wáng, nǐ lèi le ba?

B：不，不累。不过 有点儿 口渴 了。
Bù, bú lèi. Búguò yǒudiǎnr kǒu kě le.

A：王さん、疲れたでしょう。

B：いいえ、疲れていません。だけど、少し喉が渇きました。

6

不要紧。
Bú yàojǐn.

大丈夫。

心配する相手の方に安心を与える大切な表現。先ずは「大丈夫ですよ」と言ってから理由を語りましょう。

A：我们 快 点儿 走 吧。
Wǒmen kuài diǎnr zǒu ba.

B：不 要紧，现在 还 来得及。
Bú yàojǐn, xiànzài hái láidejí.

A：私たち急いで行きましょう。

B：大丈夫。まだ間に合います。

7

辛苦了。
Xīnkǔ le.

ご苦労様です。

挨拶語の常套句。相手を労（いた わ）る気持ちを伝えてくれます。

A：辛苦了。
　　Xīnkǔ le.

B：你也辛苦了，请好好儿休息吧。
　　Nǐ yě xīnkǔ le, qǐng hǎohāor xiūxi ba.

A：お疲れさま。

B：あなたもお疲れさま。どうかしっかり休んでください。

8

不客气。
Bú kèqi.

遠慮しないで。

"客气"は「遠慮」「他人行儀な」の意。日常頻繁に使われている。"谢谢—不客气"、"对不起—不客气"等々。

A：我想麻烦您给我找一本参考书看看。
　　Wǒ xiǎng máfan nín gěi wǒ zhǎo yì běn cānkǎoshū kànkan.

B：不客气。你晚上来拿吧。
　　Bú kèqi. Nǐ wǎnshang lái ná ba.

A：ご面倒ですが、一冊参考書をお見せいただきたいのですが。

B：構いませんよ。夜に取りに来てください。

9

不用忙。
Búyòng máng.

急ぐ必要はありません。

≫ 126

"别着急"「慌てないで」とは少し違って、こちらに気を使う相手の気持ちを慮（おもんばか）って「急いで～する必要はありませんよ」と思いやる言い回しです。

A：请 等 一下，我 马上 就 准备好 了。
　　Qǐng děng yíxià, wǒ mǎshàng jiù zhǔnbèihǎo le.

B：不用 忙。
　　Búyòng máng.

A：どうぞしばらくお待ちください。すぐに準備します。

B：お急ぎになる必要はありません。

10

多保重。
Duō bǎozhòng.

お気をつけて。

≫ 926

ここでの"多……"は「もっと～しなさい」。"保重"は相手方に対し「ご自愛ください」の意。「お身体お大事に」「御身大切に」。

A：我 因病 在家 休息 呢。
　　Wǒ yīnbìng zài jiā xiūxi ne.

B：多 保重。
　　Duō bǎozhòng.

A：私は病気で家で休んでいます。

B：お大事に。

「三文字学習法」について
―中国語教授法における一つの試み―

　この本は最初に書いた様に中国語学習者の自習用工具書として著わしたが、実は中国語を教える方々の為の教授法の一つとしても役立てていただければと願っている。私はこの40年近く、私の主催する中国語教室「有朋塾(ゆうほう)」をはじめ、大学、会社等の様々な場で「三文字」を使用した「三文字学習法」というものを実施してきた。以下その授業法と利点をあげてみたい。

「三文字学習法」の授業展開法
　まったくの初学者を対象とした場合、「三文字」を扱うのは授業の三回目、もしくは四回目としているが、その意図する所は、学習者に先ずじっくりと発音の習得に集中してもらいたい事が一点と、もう一点は学習者がその前三、四回の授業において、すでに学習習得したものを「三文字」の中に含める事により、学習者の「三文字」に対する興味と、その学習意欲を高める為である。

　次に具体的に本書を使っての授業法を説明していく事にする。

（一）一回の授業毎に基本的には12個ずつの「三文字」を学習する（1ページ分）。

　　最初に教師が試しに学習者に「三文字」の日本語を中訳させ、その中訳が出来るか出来ないかの結果を問わず、先ずは学習者にその「三文字」の中訳について十分に考えさせた上で、つづいて「三文字」の該当ページをプリントして配り、もう一度改めて「三文字」の発音・意味内容・その用法や用例等の解説を行う。この事によって学習者が更に各々の「三文字」についての理解を深める事になる。

　　次に同時に、教師は学習者に対し次回の授業迄に今回学習した「三文字」を暗記してくる事を要求し、授業を終える。

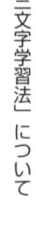

（二）次の授業時には学習者が覚え込んで来た1番から12番迄の
「三文字」を
　　　日本語→中国語
　　　中国語→日本語
へと口頭で訳させる訓練を行う。

　この作業では毎授業ごとに少しずつ、番号の若いものほど、その反応速度を高めていくのが「三文字学習法」の要点の一つとなる。

　そしてこのとき同時に13番から24番迄の新しい「三文字」（次のページ分）を（一）と同様にして学習し、これも次回迄に暗記させる事とする（以下同様に三回目の授業では1番から24番迄の「日→中、中→日」口頭訳訓練と新しい25番から36番迄の学習、暗記へ続いていく）。

　このようにして毎回毎回12個（1ページ分）ずつの「三文字」の習得が積み重ねられていく事になるのである。

（三）次に学習者の「三文字」習得が数百を超え、「日→中」、「中→日」、各訳の反応速度もはやくなった頃を見計らって、「三文字」の「変化形」と「三文字」を使用した「短文」を学習させる。

　「三文字変化形」というのは、各々が何らかの文法的要素を含んでいる各「三文字」の文法パターンの変化形の事である。以下具体例を示していく。

　例えば日本語では「どの様に……する。」の意味合いを持つ中国語の"怎么……?"は、42番に"怎么念?"がラインナップされているが（"怎么样?"［どうですか？］、"怎么办?"［どうしよう？］等はその独立性と使用頻度の高さから別途にラインナップ

されている)、訓練によって"怎么念?"を学習者が記憶した頃"怎么说?"［どの様に言うの？］、"怎么写?"［どの様に書くの？］、"怎么做?"［どの様に作るの？］等の"怎么"以外の動詞部分を入れ替えて新たに作った「三文字」を学習、暗記し、その応用範囲を広めていくのである（巻末の「一文字索引」を利用すると便利)。

又、「三文字短文」とは「三文字」を使用した応用短文の事であるが（第二部参照）、この「三文字」を使用した"造句"を操る事により学習者による中国語作文能力は飛躍的に伸びていく事は多く実証できている。

「三文字学習法」の利点
(一) 反復練習による覚え込みが容易である事。
　　中国語の特徴である「漢字」を3つのみ使い、基本的に意志を通じさせることが出来る特質と規則性が、最小の努力で最大の効果をあげる事を可能とする。又「三文字」の持つリズムとテンポは、その覚え込みを容易にしている。

(二)「三文字」という短形でありながら、多くの文法事項を説明、習得できる事。

　　「三文字」の中には、
　ａ）様々な疑問文
　　(1) 怎么样?・(4) 您贵姓?・(7) 是谁的?・(10) 在哪里?・(14) 吃什么?・(17) 可以吗?・(22) 为什么?
　ｂ）前置詞構造
　　(97) 往南拐。・(113) 比我强。・(200) 让我去。・(232) 向他学。・(255) 对我好。・(351) 跟他借。・(398) 准时到。……
　ｃ）様態補語、結果補語、可能補語
　　☆(128) 说得好。・(170) 起得早。……

☆（27）准备好。・（60）快躲开。・（76）请收下。・（100）好起来。・（114）找着了。……
　　☆（150）考得上。・（180）赶得上。・（185）想不到。・（189）吃不了。・（343）做得了。……

等他にも多くの文法事項が含まれており、自然にそれらを身につける事ができる。

（三）音声の習得に有効である事。
　　様々な声調パターンと拼音がスムーズに習得できる。又、同時にこの事はリスニング時にも効果的である。

（四）多人数授業での有効性。
　　「三文字学習法」は無論少人数でもその有効性を発揮するが、多人数の学習者を対象とする場合も、そのスピード性と、学習者全員が他の学習者への質問時にも、自身への質問時とさほど変わらぬ緊張感を持って反応し、学習に参加できるという大きな利点がある。なおその際、机の配置をミーティングを行う時の如く互いの顔が見える形にすれば、更にその効果をあげうる事を確認している。

（五）段階的な学習によって着実に実力をつける事。
　　私には「三文字学習法」についての一つのイメージがある。それは、初学者の場合、脳内のほとんど何もない「中国語スペース」に、先ず「核」となる「三文字」を入れてゆき、次に「三文字変化形」が増殖し、「三文字短文」を作ろうとする意識を駆使して、その「核」どうしがいくつもの線で結ばれる事により、互いの意味・用法などの情報交換が可能になり、終には勝手にそれらの中国語情報が動き出し、次第に脳の中の空欄になっていた「中国語スペース」が埋められて中国語の能力が高められていくというものである。

実際、経験上この作業において学習者が次第に中国語能力を獲得していくのが顕著に確認でき、教授者にとっても、学習者の中国語能力の程度を把握しやすいという利点がある。

まとめ
　以上「三文字学習法」についての概略を述べてきた。紹介にあたっては、その利点を多く語ったが、無論この「三文字学習法」自体がなんら完成されたものでなく、まだまだ発展の余地はあるものと思う。多くの識者からのアイデア、実体験によるアドバイス等によって、より良い中国語教授法の一つになってゆく事を望んでいる。

　今後、多くの方々からのご批判、ご意見を賜れば幸いである。

あとがき

　中国語で人が意志を伝えるときの最小限で、しかも数多くの意味を表す事の出来る文字数を探せば、私の場合三文字となる。無論漢字三文字では会話文としては言い切れないことも又多くあるが、たとえ正統な会話文でなくとも、その中に多くの連語や慣用語等を含む事が出来、状況の加味された実際の発話時には少しの補足的語彙を加えれば十分に効果を発揮すると思える。大事なことはその核となるべき中心の言葉（三文字）を幾つ自分のものにしているかに係っている。この本においてはその核となる重要で頻度の高い（三文字）を如何に多く効率よく覚え込むかに主眼を置いた。

　もちろんこの本による成果はこれを使って下さるあなた御自身の努力にかかっているのだが、その為にお役に立つ数々の工夫はこの本の中に込めたつもりである。

　最後にこの本が世に出るにあたっては、愛知大学教授の畏友荒川清秀氏、甲南大学の非常勤仲間の于耀明氏、有朋塾の千場由美子氏、松田栄K.K.の呂魏氏、東方書店の川崎道雄氏、小黒晃子氏の方々に多大なご助力をいただいた。ここに特に書き留め、あらためて謝意を表しておきたい。

2015年 初夏　　林　修三

文字索引

※数字は1200までの三文字ナンバー

A a
AA 制。 912

啊 a
好险啊！ 723
来人啊！ 943

挨 ái
挨训了。 629

癌 ái
得癌症。 929

蔼 ǎi
很和蔼。 433

碍 ài
很碍事。 977

爱 ài
爱出汗。 230
爱公物。 794
爱下雨。 301

安 ān
安排好。 336

按 àn
按规定。 623

八 bā
打八刀。 864

把 bǎ
拉一把。 1112
一把手。 991
有把握。 122

爸 bà
吃爸爸。 544

巴 ba
翘尾巴。 708

吧 ba/bā
带来吧！ 426

得了吧。 448
放心吧！ 173
分手吧。 144
给我吧。 111
加油吧！ 410
坚持吧。 77
进来吧。 112
开始吧。 18
快来吧。 58
累了吧？ 582
努力吧。 1137
泡网吧。 1005
轻点(儿)吧。 591
请回吧。 994
请忙吧。 270
请用吧！ 101
请坐吧。 49
算了吧。 350
算账吧。 551
随缘吧。 1145
未必吧！ 414
下车吧。 93
休息吧。 72
一般吧。 1003
再说吧。 1054
照办吧。 1188
照相吧！ 397
注射吧。 195

白 bái
翻白眼(儿)。 647
没白看。 672
明白了。 119

百 bǎi
二百五。 1074

摆 bǎi
摆架子。 472
摆摆手。 308

拜 bài
拜托您。 1019
崇拜她。 940

搬 bān
搬家了。 497

班 bān
上班去。 16

般 bān
一般吧。 1003

半 bàn
订半年。 364

办 bàn
办不到。 1129
办实事。 866
办喜事。 295
办展览。 707
没办法。 211
那好办。 681
怎么办？ 5
照办吧。 1188

帮 bāng
帮倒忙。 888
帮你拿。 294

榜 bǎng
做榜样。 352

膀 bǎng
肩膀宽。 833

棒 bàng
太棒了！ 516

包 bāo
包饺子。 131
包任务。 729
大草包。 673
要打包。 934

薄 báo
底子薄。 891

保 bǎo
保险些。 759

打保票。 1115
多保重。 926
加保险。 1065
老保守。 845
我保证。 1079

饱 bǎo
饱私囊。 643
饱眼福。 1183
吃饱了。 237

爆 bào
爆冷门。 868

抱 bào
抱佛脚。 900
抱孩子。 148
很抱歉。 609

报 bào
报哪里？ 771
报上说。 711
做报告。 156

杯 bēi
走一杯。 973

背 bēi
背黑锅。 871
背英文。 470

倍 bèi
多两倍。 283

被 bèi
被打了。 443
被发现。 1032
被用了。 1015
被抓获。 959

备 bèi
准备好。 27

本 běn
本领大。 750
吃老本(儿)。 872

有本事。	540	表 biǎo		生病了。	151	不轻松。	700
		请打表。	980	有毛病。	84	不如意。	372
笨 bèn						不上路。	899
脑子笨。	311	别 bié		波 bō		不受贿。	688
		别吃醋。	400	送秋波。	641	不舒服。	103
甭 béng		别迟到。	167			不顺眼。	828
甭提了。	630	别臭美。	1119	拨 bō		不说谎。	380
		别催他。	349	先拨零。	589	不太冷。	86
鼻 bí		别打岔。	659			不痛快。	1000
哭鼻子。	654	别大意。	401	膊 bo		不想吃。	50
流鼻涕。	476	别担心。	262	拽胳膊。	853	不像话!	254
		别当真!	455			不相信。	236
比 bǐ		别逗人!	360	不 bú/bù/bu		不小了。	300
比方说。	247	别放过。	939	办不到。	1129	不姓李。	583
比较忙。	468	别害怕。	592	不必了!	429	不行吗?	36
比我强。	113	别灰心。	399	不吃饭。	2	不许愿。	687
比一比。	477	别胡说!	1081	不吃力。	745	不要紧。	438
看比赛。	613	别见怪。	424	不凑巧。	621	不一定。	499
没法比。	1163	别价呀!	1058	不答应。	366	不用了。	726
三比零。	293	别介意。	1127	不得了。	344	不用忙。	126
		别来劲。	1050	不都对。	363	不用谢。	99
笔 bǐ		别理他。	154	不对劲。	1116	不怨你。	1001
亲笔写。	436	别聊啦!	751	不方便。	80	不在行。	207
		别勉强。	370	不放心。	328	不在乎。	691
必 bì		别磨蹭。	689	不服气。	851	不知趣。	1060
不必了!	429	别牛了。	1148	不敢当。	608	差不多。	163
何必呢!	1171	别上当。	342	不甘心。	327	吃不惯。	191
未必吧!	414	别送了。	493	不管用。	127	吃不开。	192
务必去。	1186	别贪心!	79	不好惹。	1180	吃不了。	189
		别淘气。	769	不好听。	213	吃不消。	418
边 biān		别偷懒(儿)。	1140	不合理。	235	吃不住。	870
敲边鼓。	808	别误会。	340	不合帐。	898	吃不得。	190
		别张罗。	378	不及他。	345	错不了。	174
遍 biàn		别着急!	94	不记得。	461	答不出。	1157
很普遍。	970	多别扭。	633	不简单!	494	担不起。	903
找遍了。	715	很别致。	760	不见得。	1155	都不精。	627
		赖别人。	958	不讲理。	471	对不起!	32
变 biàn		闹别扭。	664	不解乏。	928	放不下。	1057
变乖僻。	656	你别吹!	359	不可能。	1087	分不开。	660
大变脸。	968			不客气。	509	跟不上。	693
改变了。	545	冰 bīng		不肯来。	506	够不够?	233
		冻成冰。	748	不旷课。	710	怪不得!	365
便 biàn				不耐烦。	662	还不饿。	39
不方便。	80	饼 bǐng		不能吃。	145	还不错。	606
顺便买。	354	烙大饼。	777	不怕冷。	176	合不来。	404
随便坐。	142			不怕水。	567	划不来。	632
行方便。	1113	病 bìng		不怕羞。	603	禁不住。	1125
		看病去。	357	不骗你。	694	看不出。	527

看不见。	198
看不起。	208
靠不住。	402
可不是!	317
亏不了。	1175
了不起!	228
买不起。	206
那不会。	260
你不配。	446
忍不住。	203
少不了。	768
舍不得。	737
是不是?	316
受不了。	199
收不住。	732
数不清。	1189
数不着。	761
说不好。	624
谈不上。	858
挺不错。	557
听不懂。	43
我不去。	33
想不出。	186
想不到。	185
想不开。	187
想不通。	949
行不通。	1146
要不要?	63
用不着。	1088
真不巧!	318
指不上。	1069
走不动。	1138
嘴不好。	668

步 bù
刚起步。	911
进步快。	172

猜 cāi
猜猜看。	331

才 cái
才睡觉。	615
他才走。	346
太有才!	1161

彩 cǎi
出彩虹。	755
真精彩!	696

采 cǎi
采访了。	805

踩 cǎi
踩刹车。	1014

菜 cài
菜凉了。	324
你真菜。	1030
请点菜。	469
种蔬菜。	132

惭 cán
很惭愧。	1120

惨 cǎn
他真惨。	948

藏 cáng
捉迷藏。	740

槽 cáo
跳槽了。	1029

草 cǎo
大草包。	673

侧 cè
侧耳朵。	649

厕 cè
上厕所。	924

测 cè
要测验。	722

蹭 ceng
别磨蹭。	689

插 chā
插一腿。	974

茶 chá
沏茶吗?	756
请喝茶。	85

查 chá
查词典。	193
作调查。	523

差 chā/chà
差得远。	508
差不多。	163
零差错。	916

岔 chà
别打岔。	659

差 chāi
开小差(儿)。	849

拆 chāi
要拆迁。	1091

掺 chān
掺起来。	774

产 chǎn
忙生产。	214

常 cháng
常常来。	347
很正常。	966
家常饭。	1036

尝 cháng
尝一尝。	565

长 cháng
很擅长。	1083
拉长脸。	909
五米长。	298

场 chǎng
撑场面。	793
打圆场。	919
怯场了。	936
走过场。	1111

唱 chàng
唱反调。	947
唱主角。	995

畅 chàng
很畅销。	1076

抄 chāo
抄近路。	951

潮 cháo
受潮了。	962

炒 chǎo
炒地皮。	908
炒新闻。	1159
炒鱿鱼。	881

吵 chǎo
吵得慌。	856

车 chē
踩刹车。	1014
车很挤。	160
得换车。	92
会开车。	66
开快车。	850
开夜车。	284
下车吧!	93

扯 chě
扯后腿。	879
算扯平。	1022

沉 chén
沉住气。	889
太沉了!	355

趁 chèn
趁热喝。	348

撑 chēng
撑场面。	793

成 chéng
成热点。	942
冻成冰。	748
扣一成。	392
你真成。	616
我赞成。	81
有成见。	819

乘 chéng
去乘凉。	712

吃 chī
别吃醋。	400
不吃饭。	2
不吃力。	745
不想吃。	50
吃爸爸。	544
吃饱了。	237
吃不得。	190
吃不惯。	191
吃不开。	192
吃不了。	189
吃不消。	418
吃不住。	870
吃错药。	1132
吃官司。	873
吃惊了。	241
吃老本(儿)。	872
吃了亏。	702
吃螺丝。	1103
吃腻了。	839
吃什么?	14
吃食堂。	490
吃晚饭。	19
给他吃。	542
还没吃。	71
很吃香。	437
开吃了。	1080
烤着吃。	988
连皮吃。	383
能生吃。	754
请吃药。	407
偷吃了。	730
有饭吃。	594

持 chí
坚持吧!	77
支持你。	1168

迟 chí
别迟到。	167
推迟了。	766

崇 chóng
崇拜她。	940

抽 chōu
抽功夫。	1035
腿抽筋。	813

臭 chòu
别臭美。	1119

酬 chou
会应酬。	658

出 chū/chu
爱出汗。	230
出彩虹。	755
出点子。	901
出风头。	684
出了名。	303
出炉了!	1165
出乱子。	954
出通知。	1002
出位了。	1073
出洋相。	602
出远门。	990
答不出。	1157
看不出。	527
拿出去。	25
难出口。	996
想不出。	186
有出息。	570
找出路。	883

础 chǔ
打基础。	1047

楚 chu
弄清楚。	917

处 chu
有好处。	798
有用处。	373
抓短处。	814

穿 chuān
穿过路。	296
穿裤子。	147
穿小鞋。	907
穿着鞋。	526
在穿鞋。	525

创 chuàng
创牌子。	950

吹 chuī
吹牛皮。	502
你别吹!	359

捶 chuí
捶脑袋。	644

绰 chuò
起绰号。	815

辞 cí
告辞了。	1109

词 cí
查词典。	193

凑 còu
不凑巧。	621
还凑合。	1059

醋 cù
别吃醋。	400

催 cuī
别催他。	349

寸 cun
守分寸。	661

撮 cuō
撮一顿。	1071

错 cuò
吃错药。	1132
错机会。	444
错不了。	174
还不错。	606
零差错。	916
没错儿。	243
没说错。	450
弄错了。	221
挺不错。	557

搭 dā
好搭档。	1048

答 dā/dá
不答应。	366
答不出。	1157
答对了!	1152

达 dá
很发达。	809

打 dǎ
被打了。	443
别打岔。	659
打八刀。	864
打保票。	1115
打电话。	105
打赌吗?	978
打哆嗦。	773
打工去。	963
打官腔。	981
打哈欠。	219
打呼噜。	1012
打基础。	1047
打交道。	430
打搅您。	275
打句号。	890
打开书。	194
打瞌睡。	597
打喷嚏。	1011
打破了。	580
打手机。	967
打手势。	598
打算去。	116
打听路。	175
打听谁?	271
打问号。	886
打圆场。	919
打招呼。	157
请打表。	980
实打实。	1063
要打包。	934
有打折。	1169

大 dà
本领大。	750
别大意。	401
大变脸。	968
大草包。	673
大胆说。	578
大家谈。	315

大两岁。	117	不敢当。	608	的 de		德 dé	
胆子大。	289	当翻译。	505	刚来的。	115	真缺德!	703
多大了?	224	当然了!	387	看我的。	1053	得 děi	
多伟大!	201	想当然。	1039	没花的。	559	得换车。	92
烙大饼。	777	相当好。	537	没用的。	504	灯 dēng	
力量大。	374	档 dàng		没的说!	485	灯灭了。	202
念大学。	234	好搭档。	1048	去你的!	831	灯下黑。	906
脱大衣。	268	荡 dàng		谁说的?	574	开绿灯。	896
我老大。	411	空荡荡。	782	是谁的?	7	等 děng	
要大的。	452	刀 dāo		属牛的。	584	等急了。	577
瘩 da		打八刀。	864	说的是。	992	等他来。	335
有疙瘩。	861	倒 dǎo/dào		他妈的。	1061	等一等。	87
待 dài		帮倒忙。	888	挑好的。	358	等着用。	758
慢待了。	945	倒计时。	158	挺奸的。	1028	的 dí	
期待着。	1092	倒垃圾。	983	听你的。	1100	的确好。	278
戴 dài		就拉倒。	1105	文雅的。	810	底 dǐ	
戴高帽。	880	要倒了。	489	要大的。	452	底子薄。	891
戴眼镜。	118	真倒霉。	394	有的是。	209	亮底牌。	905
代 dài		导 dǎo		真是的!	614	做到底。	1131
我交代。	1099	作向导。	605	得 de/dé		地 dì	
带 dài		到 dào		不得。	344	炒地皮。	908
带你去。	1170	办不到。	1129	不见得。	1155	很地道。	440
带来吧!	426	别迟到。	167	不记得。	461	递 dì	
没有带。	129	到点了。	986	差得远。	508	递给他。	337
袋 dai		到了吗?	61	吵得慌。	856	典 diǎn	
捶脑袋。	644	快到了。	240	吃不得。	190	查词典。	193
担 dān		没想到。	474	得癌症。	929	点 diǎn	
别担心。	262	弄到手。	1178	得了吧。	448	成熟点。	942
担不起。	903	想不到。	185	赶得上。	180	出点子。	901
单 dān		醒悟到。	549	怪不得!	365	到点了。	986
不简单!	494	准时到。	398	过得去。	1041	还差点(儿)。	1153
我买单。	913	做到底。	1131	好得很。	329	几点钟?	239
胆 dǎn		道 dào		考得上。	150	静一点(儿)	375
大胆说。	578	打交道。	430	来得及。	511	慢着点(儿)。	1089
胆子大。	289	很地道。	440	起得早。	170	请点菜。	469
当 dāng/dàng		哪知道?	573	容得下。	288	轻点(儿)吧。	591
别当真!	455	天知道!	579	舍不得。	737	瘦一点(儿)。	727
别上当。	342	有道理。	326	说得好。	128	素一点(儿)。	763
		早知道。	420	挺得住。	1130	稳着点。	1072
		知道了。	88	我晓得。	1106		
		装知道。	376	显得老。	412		
				要得罪。	1187		
				长得美。	818		
				真难得。	635		
				值得看。	459		
				做得了。	343		

词条	页码
误点了。	714
正经点(儿)。	1098

店 diàn
逛书店。	682

垫 diàn
给你垫。	1027

电 diàn
打电话。	105
挂电话。	108
接电话。	107
开电门。	897
看电视。	168
来电话。	106
拍电影。	1046

吊 diào
吊胃口。	869

掉 diào
掉下来。	590

调 diào
唱反调。	947
调工作。	925
作调查。	523

跌 diē
跌价了。	824

丁 dīng
孤丁丁。	783

顶 dǐng
真顶用。	776

钉 dīng
钉钉子。	123
碰钉子。	822

定 dìng
按规定。	623
不一定。	499
搞定了。	910
决定了。	8
一定去。	55

订 dìng
订半年。	364

丢 diū
丢脸了。	405

东 dōng
我做东。	1016

懂 dǒng
听不懂。	43

动 dòng
动脑筋。	162
激动了。	536
走不动。	1138

冻 dòng
冻成冰。	748

都 dōu
不都对。	363
都不精。	627
都怪我。	321
都来了。	6
没都来。	253
谁都行。	543

逗 dòu
别逗人!	360

独 dú
很孤独。	528

赌 dǔ
打赌吗?	978

度 dù
有风度。	529

肚 dù
闹肚子。	229

嘟 du
咕嘟嘴。	651

短 duǎn
发短信。	1007

寻短见。	812
抓短处。	814

对 duì
不都对。	363
不对劲。	1116
答对了!	1152
对不起!	32
对口径。	1013
对时间。	1124
对我好。	255
对着干。	1042
搞对象。	795
没对手。	432
完全对。	70

队 duì
请排队。	999

盾 dùn
闹矛盾。	104
有后盾。	816

顿 dùn
撮一顿。	1071

多 duō
差不多。	163
多保重。	926
多别扭。	633
多大了?	224
多两倍。	283
多少人?	38
多伟大!	201
多糟糕!	325
该多好!	1185
好多了。	467
没我多。	453
他多高?	575
有多远?	95
有多重?	449
这么多。	30
真多事。	1055

哆 duō
打哆嗦。	773

躲 duǒ
快躲开!	60

朵 duo
侧耳朵。	649
耳朵灵。	749
软耳朵。	1064
咬耳朵。	830

饿 è
还不饿。	39
我饿了。	238

耳 ěr
侧耳朵。	649
耳旁风。	676
耳朵灵。	749
软耳朵。	1064
咬耳朵。	830

二 èr
二百五。	1074

发 fā
被发现。	1032
发短信。	1007
发稿费。	767
发高烧。	286
发讲义。	1009
发牢骚。	1110
发脾气。	522
发愣了。	1021
发泄了。	979
发痒了。	802
很发达。	809

乏 fá
不解乏。	928

法 fǎ
没办法。	211
没法比。	1163

番 fān
翻两番。	961
说一番。	445

171

一 文字索引

翻 fān		开放了。	806	有风度。	529	盖帽(儿)了	706
当翻译。	505	请放下。	721	佛 fó		掩盖了。	826
翻白眼(儿)。	647	要放松。	971	抱佛脚。	900	甘 gān	
翻老账。	1034	非 fēi		服 fú/fu		不甘心。	327
翻两番。	961	非要去。	1158	不服气。	851	干 gān/gàn	
烦 fán		飞 fēi		不舒服。	103	对着干。	1042
不耐烦。	662	满天飞。	997	晾衣服。	984	干什么？	37
烦着呢。	1070	费 fèi		佩服他。	264	干着急。	599
麻烦您。	274	发稿费。	767	我服他。	921	喝干了。	165
反 fǎn		很费解。	1164	做衣服。	130	很干净。	495
唱反调。	947	交学费。	884	福 fú		很能干。	569
反复说。	413	分 fēn/fèn		饱眼福。	1183	继续干。	1181
返 fǎn		分不开。	660	付 fù		接着干。	612
返回去。	431	分手吧	144	我来付。	384	有干劲(儿)。	1136
饭 fàn		快五分。	12	富 fù		尴 gān	
不吃饭。	2	守分寸。	661	很丰富。	439	很尴尬。	1043
吃晚饭。	19	太过分。	953	咐 fù		感 gǎn	
家常饭。	1036	有缘分。	998	请吩咐。	1108	感觉好。	1166
下饭馆。	586	吩 fēn		复 fù		感冒了。	51
要送饭。	922	请吩咐。	1108	反复说。	413	感兴趣。	83
有饭吃。	594	纷 fēn		真复杂!	501	很性感。	1135
做晚饭。	166	乱纷纷。	787	夫 fu		口感好。	914
方 fāng		份 fèn		抽功夫。	1035	没感觉。	1056
比方说。	247	来两份。	382	下功夫。	558	有感情。	427
不方便。	80	丰 fēng		有工夫。	304	有同感。	1197
行方便。	1113	很丰富。	439	尬 gà		有预感。	1198
房 fáng		锋 fēng		很尴尬。	1043	敢 gǎn	
盖房子。	135	学雷锋。	216	该 gāi		不敢当。	608
访 fǎng		风 fēng		该多好!	1185	我敢去。	155
采访了。	805	出风头。	684	该你了。	121	赶 gǎn	
放 fàng		耳旁风。	676	他活该!	1104	赶得上。	180
别放过。	939	放风筝。	733	应该做。	276	赶紧说。	548
不放心。	328	风停了。	281	改 gǎi		赶时髦。	498
放不下。	1057	刮着风。	177	改变了。	545	刚 gāng	
放风筝。	733	很风趣。	817	盖 gài		刚来的。	115
放酱油。	739	经风雨。	1040	盖房子。	135	刚起步。	911
放开我!	1082	看风水。	1067			岗 gǎng	
放宽了。	965	太风流。	860			上岗了。	964
放暑假。	480						
放心吧!	173						

高 gāo
戴高帽。	880
发高烧。	286
个子高。	272
很高兴。	182
口味高。	1093
水平高。	181
他多高?	575
准高兴。	765

糕 gāo
多糟糕!	325

稿 gǎo
发稿费。	767

搞 gǎo
搞定了。	910
搞对象。	795
搞农业。	989

告 gào
告辞了。	1109
告诫他。	775
转告她。	607
做报告。	156

个 ge/gè
开个头。	1177
哪个好?	223
哪两个?	519
少一个。	299
算一个。	482
有几个。	62
长个子。	538

疙 gē
有疙瘩。	861

胳 gē
拽胳膊。	853

个 gè
个子高。	272

给 gěi
递给他。	337
给你垫。	1027
给他吃。	542
给我吧。	111
给我买。	488
给我听。	1126
还给你。	571
交给你。	261

跟 gēn
跟不上。	693
跟他借。	351
跟他要。	566
跟我说。	483
栽跟头。	704

更 gèng
更好了。	210

公 gōng
爱公物。	794

功 gōng
抽功夫。	1035
练气功。	797
下功夫。	558
有功能。	1192
真用功。	588

工 gōng
调工作。	925
有工夫。	304
做义工。	867

狗 gǒu
养猎狗。	736

够 gòu
够不够?	233
够朋友。	844
能够着。	1051
真够劲。	484
真够馋。	804

孤 gū
孤丁丁。	783
很孤独。	528

咕 gū
咕嘟嘴。	651
咕咕叫。	524

鼓 gǔ
敲边鼓。	808

固 gù
老顽固。	625

故 gù
故意做。	1044

顾 gù
光顾看。	757
没顾上。	837

刮 guā
刮着风。	177

呱 guā
呱呱叫。	1086

挂 guà
挂电话。	108
挂内科。	724
我挂号。	568

乖 guāi
变乖僻。	656

拐 guǎi
往南拐。	97

怪 guài
别见怪。	424
都怪我。	321
怪不得。	365
怪好看。	553
真奇怪!	250

官 guān
吃官司。	873
打官腔。	981

关 guān
关上门。	291
过了关。	701
拉关系。	642
老关系。	671
没关系。	64

管 guǎn
不管用。	127
管他呢。	1147
没人管。	263
气管炎。	857
只管说。	259

馆 guǎn
下饭馆。	586

灌 guàn
灌米汤。	640

惯 guàn
吃不惯。	191
习惯了。	15

光 guāng
光顾看。	757
光亮亮。	784
借借光。	273
卖光了。	486

逛 guàng
逛书店。	682

规 guī
按规定。	623
有规律。	932

鬼 guǐ
活见鬼。	1084
怕死鬼。	792
自私鬼。	1143
做鬼脸。	645

贵 guì
好贵呀!	249
您贵姓?	4

锅 guō
背黑锅。	871
揭开锅。	778

果 guǒ
摘果子。	266

173

一 文字索引

过 guò/guo		不好惹。	1180	我挂号。	568	很合适。	68
别放过。	939	不好听。	213	喝 hē		很活泼。	746
穿过路。	296	的确好。	278			很紧张。	456
过得去。	1041	对我好。	255	趁热喝。	348	很开通。	637
过奖了。	408	该多好!	1185	喝干了。	165	很浪漫。	1010
过了关。	701	感觉好。	1166	请喝茶。	85	很卖座。	1184
过两天。	622	更好了。	210	何 hé		很满意。	762
过筛子。	885	怪好看。	553			很冒昧。	634
过生日。	356	好搭档。	1048	何必呢!	1171	很明显。	555
很难过。	386	好得很。	329	合 hé/he		很难过。	386
见过吗?	389	好多了。	467			很能干。	569
没看过。	54	好贵呀!	249	不合理。	235	很普遍。	970
太过分。	953	好家伙!	512	不合帐。	898	很谦虚。	563
听说过。	626	好起来。	100	还凑合。	1059	很亲切。	460
走过场。	1111	好险啊!	723	合不来。	404	很热心。	521
走过去。	169	很好找。	248	很合适。	68	很认真。	161
		景气好。	1031	巧合呀。	1117	很擅长。	1083
哈 hā		口感好。	914	和 hé		很少见。	960
打哈欠。	219	快又好。	481			很省事。	744
孩 hái		老好人。	639	很和蔼。	433	很实用。	560
		没睡好。	421	贺 hè		很顺利。	464
抱孩子。	148	那好办。	681			很投机。	1006
还 hái		那正好。	1078	祝贺您!	319	很稳重。	562
		哪个好?	223	黑 hēi		很羡慕。	753
还不错。	606	嗓子好。	415			很详细。	496
还不饿。	39	说好了。	128	背黑锅。	871	很新颖。	938
还差点(儿)。	1153	说不好。	624	灯下黑。	906	很性感。	1135
还凑合。	1059	他好奇。	933	很 hěn		很秀气。	1118
还可以。	520	太好了。	31			很严重。	277
还没吃。	71	挑好的。	358	车很挤。	160	很遗憾。	514
还早呢!	416	挺好玩。	491	好得很。	329	很有型。	1026
害 hài/hai		问他好。	576	很碍事。	977	很愉快。	976
		相当好。	537	很抱歉。	609	很正常。	966
别害怕。	592	性情好。	666	很别致。	760	我很忙。	75
太厉害。	406	新年好!	550	很惭愧。	1120	心很软。	1018
汗 hàn		修好了。	215	很畅销。	1076		
		有好处。	798	很吃香。	437	恒 héng	
爱出汗。	230	运气好。	251	很地道。	440	有恒心。	827
汉 hàn		只好去。	434	很发达。	809	轰 hōng	
		专好玩(儿)。	834	很费解。	1164		
铁罗汉。	674	准备好。	27	很丰富。	439	轰隆隆。	788
行 háng		嘴不好。	668	很风趣。	817	虹 hóng	
		做好看。	840	很尴尬。	1043		
不在行。	207	号 hào		很干净。	495	出彩虹。	755
抢银行。	918			很高兴。	182	红 hóng	
好 hǎo/hào		打句号。	890	很孤独。	528		
		打问号。	886	很好找。	248	开门红。	697
安排好。	336	起绰号。	815	很和蔼。	433	脸红了。	517

走红运。 902

候 hòu
请稍候。 975

后 hòu
扯后腿。 879
后悔了。 442
后天走。 74
马后炮。 1037
然后呢? 1097
听后写。 458
向后看。 887
押后阵。 862
有后盾。 816
走后门。 473

呼 hū/hu
打呼噜。 1012
打招呼。 157

糊 hú
真糊涂。 552

胡 hú
别胡说! 1081
捋胡子。 650

户 hù
立门户。 877

乎 hu
不在乎。 691

湖 hu
老江湖。 679

虎 hu
太马虎! 610

花 huā
花谢了。 257
没花的。 559

划 huá
划不来。 632

画 huà
画画儿。 125

话 huà
不像话! 254
打电话。 105
挂电话。 108
接电话。 107
来电话。 106
少说话。 572
甩闲话。 683
说实话。 388
俗话说。 139
笑话人。 184

坏 huài
坏了吗? 46
坏心眼(儿)! 1154
吓坏了。 134

欢 huān
欢迎您! 9
受欢迎。 377

还 huán
还给你。 571

换 huàn
得换车。 92

慌 huāng
吵得慌。 856

黄 huáng
黄粱梦。 1122
亮黄牌(儿)。 957
你黄牛。 1023

谎 huǎng
不说谎。 380

灰 hui
别灰心。 399

回 huí/hui
返回去。 431
回敬了。 832
回老家。 863
回头见! 149
回头看。 1139
请回吧。 994
送回去。 217

悔 huǐ
后悔了。 442

会 huì
别误会。 340
错机会。 444
会开车。 66
会应酬。 658
那不会。 260
学会了。 409
有约会。 265

慧 huì
有智慧。 1191

汇 huì
汇款了。 1033

贿 huì
不受贿。 688

活 huó
很活泼。 746
活见鬼。 1084
活受罪。 779
能养活。 1179
他活该。 1104

火 huǒ
火辣辣。 786
压着火。 1133

获 huò
被抓获。 959
获奖了。 930

货 huò
想退货。 969

和 huo
暖和了。 593

伙 huo
好家伙! 512

基 jī
打基础。 1047

机 jī
错机会。 444
打手机。 967
很投机。 1006

激 jī
激动了。 536

圾 jī
倒垃圾。 983

积 jī
真积极。 1172

鸡 jī
落汤鸡。 705

及 jí
不及他。 345
来得及。 511

急 jí
别着急! 94
等急了。 577
干着急。 599
没急事。 267
先应急。 1090

极 jí
美极了! 465
真积极。 1172

级 jí
几年级? 110

吉 jí
取吉利。 821
弹吉他。 931

挤 jǐ
车很挤。 160

几 jǐ
几点钟？	239
几年级？	110
星期几？	90
要几天？	292
有几个？	62
住几天？	403

己 jǐ
自己来。	164

寄 jì
请邮寄。	393

寂 jì
真寂寞。	738

继 jì
继续干。	1181

记 jì
不记得。	461
记下来。	1004

计 jì
倒计时。	158

纪 jì
年纪小。	65

加 jiā
加保险。	1065
加汽油。	290
加热吗？	1075
加油吧！	410

家 jiā
搬家了。	497
大家谈。	315
好家伙！	512
回老家。	863
家常饭。	1036
离开家。	332
在家吗？	56

甲 jiǎ
咬指甲。	353

架 jià
摆架子。	472

价 jià
跌价了。	824
讲价钱。	1121
涨价了。	823

假 jià
放暑假。	480

驾 jià
劳驾了。	547

肩 jiān
肩膀宽。	833

奸 jiān
挺奸的。	1028

坚 jiān
坚持吧！	77

间 jiān
对时间。	1124

检 jiǎn
做体检。	927

简 jiǎn
不简单！	494

件 jiàn
哪一件？	41

见 jiàn
别见怪。	424
不见得。	1155
很少见。	960
回头见！	149
活见鬼。	1084
见过吗？	389
见天日。	892
见外了。	803
看不见。	198
提意见。	137
学校见。	246
寻短见。	812

有 jiàn
有成见。	819
有远见。	531
长见识。	820

江 jiāng
老江湖。	679

将 jiāng
将就你。	1142

奖 jiǎng
过奖了。	408
获奖了。	930

讲 jiǎng
不讲理。	471
发讲义。	1009
讲价钱。	1121
讲卫生。	152
讲信义。	1052
请他讲。	532

降 jiàng
降下来。	619

酱 jiàng
放酱油。	739

交 jiāo
打交道。	430
交给你。	261
交学费。	884
我交代。	1099
有交往。	848

娇 jiāo
真娇气。	479

脚 jiǎo
抱佛脚。	900
露马脚。	675
跷起脚。	987

搅 jiǎo
打搅您。	275

饺 jiǎo
包饺子。	131

叫 jiào
呱呱叫。	1086
咕咕叫。	524
叫什么？	24
叫他来！	361

觉 jiào
才睡觉。	615
睡懒觉。	923

较 jiào
比较忙。	468

接 jiē
接电话。	107
接着干。	612
去接人。	466

揭 jiē
揭开锅。	778

结 jié
结束了。	307

解 jiě
不解乏。	928
很费解。	1164

介 jiè
别介意。	1127

界 jiè
开眼界。	1190

借 jiè
跟他借。	351
借题目。	876
借借光。	273
找借口。	1096

诫 jiè
告诫他。	775

价 jie
别价呀！	1058

斤 jīn
论斤卖。	391

禁 jīn		径 jìng		放开我!	1082	试试看。	188
禁不住。	1125	对口径。	1013	分不开。	660	向后看。	887
筋 jīn		敬 jìng		很开通。	637	向前看。	685
动脑筋。	162	回敬了。	832	会开车	66	依我看。	279
伤脑筋。	709	静 jìng		揭开锅。	778	有看头。	463
腿抽筋。	813	静一点(儿)	375	开吃了。	1080	在我看。	280
紧 jǐn		净 jìng		开电门。	897	值得看。	459
不要紧。	438	很干净。	495	开放了。	806	做好看。	840
赶紧说。	548	镜 jìng		开个头。	1177	考 kǎo	
很紧张。	456	戴眼镜。	118	开口子。	686	考得上。	150
手头紧。	663	配眼镜。	312	开快车。	850	烤 kǎo	
近 jìn		就 jiù/jiu		开绿灯。	896	烤着吃。	988
抄近路。	951	将就你。	1142	开门红。	697	靠 kào	
尽 jǐn		就拉倒。	1105	开始吧!	18	靠边(儿)站。	1144
尽量去。	109	就完了	422	开玩笑。	78	靠不住。	402
劲 jìn		就这样!	367	开小差(儿)。	849	科 kē	
别来劲。	1050	去就去!	487	开小灶。	895	挂内科。	724
不对劲。	1116	我就来。	323	开眼界。	1190	瞌 kē	
使劲(儿)拉。	141	我就是。	454	开夜车。	284	打瞌睡。	597
有干劲(儿)。	1136	句 jù		开支票。	894	咳 ké	
真够劲。	484	打句号。	890	快躲开!	60	咳嗽吗?	91
真没劲。	1062	卷 juàn		离开家。	332	可 kě	
进 jìn		厌倦他。	1134	水开了。	390	不可能。	1087
进步快。	172	角 jué		挺开心。	838	还可以。	520
进来吧。	112	唱主角。	995	想不开。	187	可不是!	317
精 jīng		决 jué		看 kàn		可能去。	478
都不精。	627	决定了。	8	猜猜看。	331	可也是。	611
提精神。	985	下决心。	1045	怪好看。	553	可以吗?	17
真精彩!	696	觉 jué		光顾看。	757	太可惜!	396
惊 jīng		感觉好。	1166	回头看。	1139	真可怜。	717
吃惊了。	241	没感觉。	1056	看比赛。	613	真可恶。	718
经 jīng		卡 kǎ		看病去。	357	真可笑。	719
经风雨。	1040	卡哇伊。	1102	看不出。	527	真可心。	764
正经点(儿)。	1098	开 kāi		看不见。	198	渴 kě	
有经验。	564	吃不开。	192	看不起。	208	口渴了。	381
景 jǐng		打开书。	194	看电视。	168	客 kè	
景气好。	1031			看风水。	1067	不客气。	509
				看情况。	143	我请客。	153
				看我的。	1053		
				看眼色。	825		
				看样子。	138		
				看着买。	395		
				没白看。	672		
				没看过。	54		
				没看完。	179		
				你看你。	518		
				亲眼看。	369		

课 kè		
不旷课。		710

肯 kěn		
不肯来。		506

空 kōng		
空荡荡。		782
空手去。		780
造空气。		904

口 kǒu		
吊胃口。		869
对口径。		1013
开口子。		686
口渴了。		381
口感好。		914
口味高。		1093
难出口。		996
漱漱口。		982
找借口。		1096
争口气。		1085

扣 kòu		
扣扣子。		124
扣一成。		392

哭 kū		
他哭了。		183
哭鼻子。		654

苦 kǔ		
诉苦穷。		829
辛苦了。		35

酷 kù		
他真酷。		1025

裤 kù		
穿裤子。		147

快 kuài/kuai		
不痛快。		1000
很愉快。		976
进步快。		172
开快车。		850
快到了。		240
快躲开!		60

快来吧!		58
快撒手。		368
快五分。		12
快又好。		481
他嘴快。		669
心眼(儿)快。		503

宽 kuān		
放宽了。		965
肩膀宽。		833

款 kuǎn		
汇款了。		1033

况 kuàng		
看情况。		143

旷 kuàng		
不旷课。		710

亏 kuī		
吃了亏。		702
亏不了。		1175

愧 kuì		
很惭愧。		1120

困 kùn		
我困了。		423

剌 lā		
稀剌剌。		785

拉 lā		
倒垃圾。		983
就拉倒。		1105
拉长脸。		909
拉关系。		642
拉一把。		1112
使劲(儿)拉。		141

辣 là		
火辣辣。		786

啦 la		
别聊啦!		751
我走啦。		67

来 lái/lai		
别来劲。		1050
不肯来。		506
不能来。		145
掺起来。		774
常常来。		347
带来吧!		426
等他来。		335
掉下来。		590
都来了。		6
刚来的。		115
好起来。		100
合不来。		404
划不来。		632
记下来。		1004
降下来。		619
叫他来!		361
进来吧。		112
快来吧!		58
来得及。		511
来电话。		106
来两份。		382
来人啊!		943
来一瓶!		89
慢慢(儿)来。		595
没都来。		253
你来了!		69
爬上来。		561
他来吗?		20
跳起来。		287
我就来。		323
我来付。		384
我来了!		120
也许来。		222
又来了。		102
早来了。		313
自己来。		164

赖 lài		
赖别人。		958

懒 lǎn		
别偷懒(儿)。		1140
睡懒觉。		923

览 lǎn		
办展览。		707

浪 làng		
很浪漫。		1010

捞 lāo		
捞油水。		875

牢 láo		
发牢骚。		1110

劳 láo		
劳驾了。		547

老 lǎo		
吃老本(儿)。		872
翻老账。		1034
回老家。		863
老保守。		845
老关系。		671
老好人。		639
老江湖。		679
老实说。		146
老顽固。		625
老样子。		604
我老大。		411
显得老。		412

落 lào		
睡落枕。		1182

烙 lào		
烙大饼。		777

了 le		
挨训了。		629
搬家了。		497
被打了。		443
被甩了。		1015
甭提了。		630
别牛了。		1148
别送了。		493
不必了!		429
不小了。		300
不用了。		726
采凉了。		805
菜凉了。		324
吃了亏。		702
吃饱了。		237
吃惊了。		241

吃腻了。	839	累了吧?	582	推迟了。	766	不太冷。	86
出了名。	303	累死了。	617	退色了。	371	**愣** lèng	
出炉了!	1165	脸红了。	517	退休了。	728	发愣了。	1021
出位了。	1073	联网了。	874	忘了吗?	28	**离** lí	
答对了!	1152	卖光了。	486	我饿了。	238	离开家。	332
打破了。	580	慢待了。	945	我困了。	423	**李** lǐ	
当然了。	387	美极了!	465	我来了!	120	不姓李。	583
到点了。	986	没有了。	23	误点了。	714	**理** lǐ	
到了吗?	61	没治了!	695	习惯了。	15	别理他。	154
得了吧。	448	闷死了。	952	吓坏了。	134	不合理。	235
等急了。	577	迷了路。	713	消遣了。	843	不讲理。	471
灯灭了。	202	明白了。	119	写满了。	133	有道理。	326
跌价了。	824	你来了!	69	辛苦了。	35	有理想。	541
丢脸了。	405	弄错了。	221	心领了。	735	**礼** lǐ	
都来了。	6	弄破了。	546	修好了。	215	失礼了。	1149
多大了?	224	暖和了。	593	学会了。	409	有礼貌。	245
发愣了。	1021	泡了汤。	893	掩盖了。	826	**利** lì	
发泄了。	979	跑气了。	855	要倒了。	489	很顺利。	464
发痒了。	802	怯场了。	936	又来了。	102	取吉利。	821
放宽了。	965	去晚了。	322	雨住了。	197	**立** lì	
风停了。	281	取消了。	752	早来了。	313	立门户。	877
改变了。	545	人少了。	513	糟透了。	770	**力** lì	
盖帽(儿)了!	706	扫兴了。	935	怎么了?	21	不吃力。	745
该你了。	121	上岗了。	964	占先了。	716	力量大。	374
感冒了。	51	商量了。	225	站住了。	256	努力吧。	1137
告辞了。	1109	上瘾了。	937	涨价了。	823	有魅力。	807
搞定了。	910	生病了。	151	找遍了。	715	有魄力。	638
更好了。	210	生气了。	11	着迷了。	1094	有眼力。	530
过奖了。	408	失礼了。	1149	找着了。	114	**厉** lì	
过了关。	701	失望了。	993	知道了。	88	太厉害。	406
好多了。	467	受潮了。	962	撞伤了。	800	**里** lǐ	
喝干了。	165	水开了。	390	自满了。	341	报哪里?	771
后悔了。	442	说了算。	680	做梦了。	339	去哪里。	13
回敬了。	832	说中了。	1107	**雷** léi		在哪里?	10
汇款了。	1033	算了吧。	350	学雷锋。	216	**怜** lián	
花谢了。	257	他哭了。	183	**累** lěi/lèi		真可怜。	717
坏了吗?	46	太棒了!	516	累了吧?	582		
获奖了。	930	太沉了!	355	累死了。	617		
激动了。	536	太好了!	31	受连累。	846		
见外了。	803	太妙了!	515	**类** lèi			
结束了。	307	太神了!	1150	挺另类。	972		
就完了。	422	谈了谈。	535	**冷** lěng			
决定了。	8	淘汰了。	1123	爆冷门。	868		
开吃了。	1080	天亮了。	29	不怕冷。	176		
开放了。	806	天晴了。	196				
口渴了。	381	天阴了。	475				
快到了。	240	跳槽了。	1029				
劳驾了。	547	偷吃了。	730				

联 lián
联网了。 874

连 lián
连皮吃。 383
受连累。 846

脸 liǎn
大变脸。 968
丢脸了。 405
厚脸皮。 811
拉长脸。 909
脸红了。 517
赔笑脸。 941
鳖脸子。 836
做鬼脸。 645

练 liàn
练气功。 797

凉 liáng
菜凉了。 324
去乘凉。 712

梁 liáng
黄粱梦。 1122

两 liǎng
大两岁。 117
多两倍。 283
翻两番。 961
过两天。 622
来两份。 382
两下子。 852
哪两个? 519

亮 liàng
光亮亮。 784
亮底牌。 905
亮黄牌(儿)。 957
天亮了。 29

量 liáng/liàng/liang
尽量去。 109
力量大。 374
量体温。 801
商量了。 225

晾 liàng
晾衣服。 984

聊 liáo
别聊啦! 751
真无聊。 1156

了 liǎo
不得了。 344
吃了。 189
错不了。 174
亏不了。 1175
了不起! 228
少不了。 768
受不了。 199
做得了。 343

猎 liè
养猎狗。 735

临 lín
临走时。 159

零 líng
零差错。 916
三比零。 293
先拨零。 589

灵 líng
耳朵灵。 749
有灵验。 847
真灵通。 1020

领 lǐng
本领大。 750
心领了。 735

另 lìng
挺另类。 972

溜 liū
酸溜溜。 790

流 liú
流鼻涕。 476
太风流。 860

留 liú
留余儿。 581

隆 lōng
轰隆隆。 788

龙 lóng
跳龙门。 955

露 lòu
露马脚。 675

炉 lú
出炉了! 1165
生炉子。 305

路 lù
不上路。 899
抄近路。 951
穿过路。 296
打听路。 175
迷了路。 713
有路子。 698
找出路。 883
走歪路。 699

录 lù
录取他。 1049

噜 lu
打呼噜。 1012

捋 lǚ
捋胡子。 650

律 lǜ
有规律。 932

绿 lǜ
开绿灯。 896
绿油油。 791

乱 luàn
出乱子。 954
乱纷纷。 787

论 lùn
论斤卖。 391

螺 luó
吃螺丝。 1103

罗 luó/luo
别张罗。 378
铁罗汉。 674

落 luò
落汤鸡。 705
有下落。 1199

妈 mā
他妈的。 1061

麻 má
麻烦您。 274

马 mǎ
露马脚。 675
马后炮。 1037
马上去。 285
拍马屁。 835
太马虎! 610

吗 ma
不行吗? 36
打赌吗? 978
到了吗? 61
坏了吗? 46
加热吗? 1075
见过吗? 389
咳嗽吗? 91
可以吗? 17
沏茶吗? 756
他来吗? 20
忘了吗? 28
吸烟吗? 48
虚岁吗? 585
一样吗? 45
有人吗? 314
有事(儿)吗? 26
有趣吗? 956
在家吗? 56
中意吗? 385

买 mǎi
给我买。 488
看着买。 395

买不起。	206	帽 mào		没什么。	44	梦 mèng	
去买书。	297	戴高帽。	880	没睡好。	421	黄粱梦。	1122
顺便买。	354	盖帽(儿)了	706	没说错。	450	做梦了。	339
托他买。	534			没问题。	57		
我买单。	913	冒 mào		没我多。	453	眯 mi	
		感冒了。	51	没想到。	474	笑眯眯。	226
卖 mài		很冒昧。	634	没意思。	136		
很卖座。	1184			没用的。	504	迷 mí	
论斤卖。	391	貌 mào		没有带。	129	迷了路。	713
卖人情。	667	有礼貌。	245	没有了。	23	着迷了。	1094
卖光了。	486			没有数(儿)。	441	捉迷藏。	740
		么 me		没治了!	695		
瞒 mán		吃什么?	14	没志气。	417	米 mǐ	
瞒数字。	655	干什么?	37	没咒念。	1017	灌米汤	640
		叫什么?	24	没注意。	741	五米长。	298
满 mǎn		没什么。	44	我没去。	457		
很满意。	762	那么说。	618	又没中。	1160	勉 miǎn	
满招损。	677	怕什么!	205	真没劲。	1062	别勉强。	370
满天飞。	997	什么事(儿)?	53				
写满了。	133	为什么?	22	霉 méi		面 miàn	
自满了。	341	怎么办?	5	真倒霉。	394	撑场面。	793
		怎么了?	21			要面子。	500
慢 màn		怎么念?	42	美 měi			
慢待了。	945	怎么行!	435	别臭美。	1119	妙 miào	
慢慢(儿)来。	595	怎么样?	1	美极了!	466	太妙了!	515
慢性子。	1095	找什么?	34	长得美。	818		
慢着点(儿)。	1089	这么多。	30			灭 miè	
请慢走!	492			昧 mèi		灯灭了。	202
		眉 méi		很冒昧。	634		
漫 màn		皱眉头。	646			名 míng	
很浪漫。	1010			魅 mèi		出了名。	303
		没 méi		有魅力。	807		
忙 máng		还没吃。	71			明 míng	
帮倒忙。	888	没白看。	672	门 mén		很明显。	555
比较忙。	468	没办法。	211	爆冷门。	868	明白了。	119
不用忙。	126	没错儿。	243	出远门。	990		
忙生产。	214	没的说!	485	关上门。	291	命 mìng	
请忙吧。	270	没都来。	253	开电门。	897	拼命学。	1176
我很忙。	75	没对手。	432	开门红。	697	真要命。	628
		没法比。	1163	立门户。	877		
矛 máo		没感觉。	1056	跳龙门。	955	磨 mó	
闹矛盾。	104	没顾上。	837	走后门。	473	别磨蹭。	689
		没关系。	64				
毛 máo		没花的。	559	闷 mèn		抹 mǒ	
有毛病。	84	没急事。	267	闷死了。	952	抹稀泥。	854
		没看过。	54				
髦 máo		没看完。	179	们 men		寞 mò	
赶时髦。	498	没人管。	263	你们早!	73	真寂寞。	738

沫 mo		闹肚子。	229	你看你。	518	扭 niu	
吐唾沫。	653	闹矛盾。	104	你来了!	69	多别扭。	633
		上闹钟。	690	你们早!	73	闹别扭。	664
慕 mù				你醒醒。	587		
很羡慕。	753	呢 ne		你找谁?	40	农 nóng	
		烦着呢。	1070	你真菜。	1030	搞农业。	989
目 mù		管他呢。	1147	你真成。	616		
借题目。	876	还早呢!	416	你真帅。	631	弄 nòng	
		何必呢!	1171	你真行!	362	弄到手。	1178
拿 ná		然后呢?	1097	你真严。	231	弄破了。	546
帮你拿。	294	下雨呢。	82	陪你去。	451	弄清楚。	917
拿出去。	25	远着呢。	620	去你的!	831	弄错了。	221
				听你的。	1100		
哪 nǎ		哪 něi		想死你。	1162	努 nǔ	
报哪里?	771	哪个好?	223	真有你。	1200	努力吧。	1137
哪知道。	573	哪两个?	519	支持你。	1168		
去哪里?	13	哪一件?	41			暖 nuǎn	
在哪里?	10			腻 nì		暖和了。	593
		内 nèi		吃腻了。	839	暖融融。	789
那 nà		挂内科。	724				
那不会。	260			年 nián		爬 pá	
那好办。	681	能 néng		订半年。	364	爬上来。	561
那么说。	618	不可能。	1087	几年级?	110		
那正好。	1078	不能来。	145	年纪小。	65	怕 pà	
		很能干。	569	新年好!	550	别害怕。	592
耐 nài		可能去。	478			不怕冷。	176
不耐烦。	662	能够着。	1051	念 niàn		不怕水。	567
		能生吃。	754	没咒念。	1017	不怕羞。	603
南 nán		能养活。	1179	念大学。	234	怕什么!	205
往南拐。	97	能掌握。	556	怎么念。	42	怕死鬼。	792
		有功能。	1192				
难 nán				您 nín		拍 pā	
很难过。	386	泥 ní		拜托您。	1019	拍电影。	1046
难出口。	996	抹稀泥。	854	打搅您。	275	拍马屁。	835
难为情。	600			欢迎您!	9		
真难得。	635	你 nǐ		麻烦您。	274	排 pái	
		帮你拿。	294	您贵姓?	4	安排好。	336
囊 náng		不骗你。	694	您先请。	1128	请排队。	999
饱私囊。	643	不怨你。	1001	您先上。	302		
		带你去。	1170	谢谢您。	98	牌 pái	
脑 nǎo		该你了。	121	祝贺您!	319	创牌子。	950
捶脑袋。	644	给你垫。	1027			亮黄牌(儿)。	957
动脑筋。	162	还给你。	571	牛 niú		亮底牌。	905
脑子笨。	311	将就你。	1142	别牛了。	1148		
伤脑筋。	709	交给你。	261	吹牛皮。	502	旁 páng	
		你别吹。	359	你黄牛。	1023	耳旁风。	676
闹 nào		你不配。	446	属牛的。	584		
闹别扭。	664	你黄牛。	1023				

跑 pǎo
跑气了。 855
跑一圈(儿)。 799

泡 pào
泡网吧。 1005
泡了汤。 893

炮 pào
马后炮。 1037

陪 péi
陪你去。 451

赔 péi
赔笑脸。 941

配 pèi
你不配。 446

佩 pèi
佩服他。 264

喷 pēn
打喷嚏。 1011

朋 péng
够朋友。 844

碰 pèng
碰钉子。 822
碰一碰。 842

批 pī
批评他。 425

皮 pí
炒地皮。 908
吹牛皮。 502
厚脸皮。 811
连皮吃。 383
踢皮球。 865
真俏皮。 636

脾 pí
发脾气。 522
耍脾气。 665

僻 pì
变乖僻。 656

屁 pì
拍马屁。 835

便 pián
占便宜。 1024
真便宜。 59

骗 piàn
不骗你。 694

票 piào
打保票。 1115
开支票。 894

拼 pīn
拼命学。 1176

瓶 píng
来一瓶! 89

平 píng
水平高。 181
算扯平。 1022

凭 píng
凭运气。 772

评 píng
批评他。 425

P pi
PMP。 1077

坡 pō
走下坡。 841

破 pò
打破了。 580
弄破了。 546

魄 pò
有魄力。 638

泼 po
很活泼。 746

普 pǔ
很普遍。 970

期 qī
期待着。 1092
星期几? 90

沏 qī
沏茶吗? 756

奇 qí
他好奇。 933
真奇怪! 250

齐 qí
齐声说。 204

气 qì/qi
别淘气。 769
不服气。 851
不客气。 509
沉住气。 889
发脾气。 522
很秀气。 1118
加汽油。 290
景气好。 1031
练气功。 797
没志气。 417
跑气了。 855
凭运气。 772
气管炎。 857
生气了。 11
耍脾气。 665
挺洋气。 920
有人气。 915
有勇气。 539
运气好。 251
造空气。 904
真娇气。 479
争口气。 1085

戚 qī
走亲戚。 781

起 qi/qi
掺起来。 774
担不起。 903
对不起。 32

刚起步。 911
好起来。 100
看不起。 208
了不起! 228
买不起。 206
起绰号。 815
起得早。 170
跷起脚。 987
跳起来。 287

谦 qiān
很谦虚。 563
谦受益。 678

迁 qiān
要拆迁。 1091

前 qián
提前走。 510
向前看。 685

钱 qián
讲价钱。 1121

遣 qiǎn
消遣了。 843

歉 qiàn
很抱歉。 609

欠 qian
打哈欠。 219

腔 qiāng
打官腔。 981

强 qiáng
比我强。 113
别勉强。 370

抢 qiǎng
抢银行。 918

呛 qiàng
真够呛。 804

跷 qiāo
跷起脚。 987

敲 qiāo
敲边鼓。 808

瞧 qiáo
走着瞧。 1038

巧 qiǎo
不凑巧。 621
巧合呀。 1117
真不巧! 318

俏 qiào
真俏皮。 636

翘 qiào
翘尾巴。 708

怯 qiè
怯场了。 936

亲 qīn
很亲切。 460
亲一亲。 227
亲笔写。 436
亲眼看。 369
走亲戚。 781

清 qīng
弄清楚。 917
数不清。 1189

轻 qīng
不轻松。 700
轻点(儿)吧。 591

情 qíng
看情况。 143
卖人情。 667
难为情。 600
性情好。 666
有感情。 427

晴 qíng
天晴了。 196

请 qǐng
您先请。 1128
请吃药。 407

请打表。 980
请点菜。 469
请放下。 721
请吩咐。 1108
请喝茶。 85
请回吧。 994
请举手。 720
请慢走! 492
请忙吧。 270
请排队。 999
请稍候。 975
请收下。 76
请他讲。 532
请用吧! 101
请邮寄。 393
请原谅。 269
请坐吧。 49
我请客。 153

穷 qióng
诉苦穷。 829

秋 qiū
送秋波。 641

球 qiú
踢皮球。 865
踢足球。 747

取 qǔ
录取他。 1049
取吉利。 821
取消了。 752
我去取。 3

趣 qù
不知趣。 1060
感兴趣。 83
很风趣。 817
有趣吗? 956

去 qù/qu
打工去。 963
打算去。 116
带你去。 1170
返回去。 431
非要去。 1158
过得去。 1041

尽量去。 109
看病去。 357
可能去。 478
空手去。 780
马上去。 285
拿出去。 25
陪你去。 451
去乘凉。 712
去接人。 466
去就是! 487
去买书。 297
去哪里? 13
去你的! 831
去三天。 252
去晚了。 322
让我去。 200
赏月去。 731
上班去。 16
烧水去。 725
说下去。 507
送回去。 217
随它去! 1151
我不去。 33
我敢去。 155
我没去。 457
我去取。 3
我也去。 52
务必去。 1186
咽下去。 306
要我去。 533
一定去。 55
愿意去。 334
找他去。 447
只好去。 434
走过去。 169
走着去。 171
钻下去。 859

屈 qu
受委屈。 657

圈 quān
跑一圈(儿)。 799
转一圈(儿)。 218

泉 quán
洗温泉。 1008

全 quán
完全对。 70

劝 quàn
他劝我。 309

缺 quē
真缺德! 703

确 què
的确好。 278

然 rán
当然了! 387
然后呢? 1097
想当然。 1039

让 ràng
让我去。 200

绕 rào
绕弯子。 1066
绕着走。 743

惹 rě
不好惹。 1180

热 rè
趁热喝。 348
成热点。 942
很热心。 521
加热吗? 1075
我嫌热。 140

人 rén
别逗人! 360
多少人? 38
赖别人。 958
来人啊! 943
老好人。 639
卖人情。 667
没人管。 263
去接人。 466
人少了。 513
讨人厌。 670
笑话人。 184
有人吗? 314
有人气。 915

忍 rěn
忍不住。 203

任 rèn
包任务。 729
任他做。 462
有责任。 320

认 rèn
很认真。 161
我认输。 1141

日 rì
过生日。 356
见天日。 892

融 róng
暖融融。 789

容 róng
容得下。 288

如 rú
不如意。 372

软 ruǎn
软耳朵。 1064
心很软。 1018

撒 sā
快撒手。 368

赛 sài
看比赛。 613

三 sān
去三天。 252
三比零。 293

嗓 sǎng
嗓子好。 415

骚 sāo
发牢骚。 1110

扫 sǎo
扫兴了。 935

色 sè
看眼色。 825
使眼色。 648
退色了。 371
有特色。 1196

刹 shā
踩刹车。 1014

筛 shāi
过筛子。 885

晒 shài
晒太阳。 220

擅 shàn
很擅长。 1083

商 shāng
商量了。 225

伤 shāng
伤脑筋。 709
撞伤了。 800

赏 shǎng
赏月去。 731

上 shàng/shang
报上说。 711
别上当。 342
不上路。 899
赶得上。 180
跟不上。 693
关上门。 291
考得上。 150
马上去。 285
没顾上。 837
您先上。 302
爬上来。 561
上班去。 16
上厕所。 924
上岗了。 964
上闹钟。 690
上瘾了。 937
谈不上。 858
指不上。 1069

稍 shāo
请稍候。 975

烧 shāo
发高烧。 286
烧水去。 725

少 shǎo
多少人？ 38
很少见。 960
人少了。 513
少不了。 768
少说话。 572
少一个。 299

舌 shé
伸舌头。 652

舍 shě
舍不得。 737

射 shè
注射吧。 195

谁 shéi
打听谁？ 271
你找谁？ 40
谁都行。 543
谁说的？ 574
是谁的？ 7

伸 shēn
伸舌头。 652

深 shēn
印象深。 282

什 shén
吃什么？ 14
干什么？ 37
叫什么？ 24
没什么。 44
怕什么！ 205
什么事(儿)？ 53
为什么？ 22
找什么？ 34

神 shén/shen
太神了。 1150
提精神。 985

生 shēng
过生日。 356
讲卫生。 152
忙生产。 214
能生吃。 754
生病了。 151
生炉子。 305
生气了。 11
做生意。 742

声 shēng
齐声说。 204

省 shěng
很省事。 744

失 shī
失礼了。 1149
失望了。 993

食 shí
吃食堂。 490

实 shí/shi
办实事。 866
老实说。 146
实打实。 1063
说实话。 388
嘴严实。 596

时 shí/shi
倒计时。 158
对时间。 1124
赶时髦。 498
临走时。 159
准时到。 398

使 shǐ
使劲(儿)拉。 141
使眼色。 648

始 shǐ
开始吧！ 18

事 shì	
办实事。	866
办喜事。	295
很碍事。	977
很省事。	744
没急事。	267
什么事(儿)?	53
有本事。	540
有事(儿)吗?	26
有心事。	1193
真多事。	1055

是 shì	
可不是!	317
可也是。	611
是不是?	316
是谁的?	7
说的是。	992
我就是。	454
我是说。	554
我也是。	1174
有的是。	209
真是的!	614

势 shì	
打手势。	598

视 shì	
看电视。	168

试 shì	
试试看。	188

适 shì	
很合适。	68

拾 shi	
要收拾!	736

识 shi	
长见识。	820

收 shōu	
请收下。	76
收不住。	732
要收拾!	736

守 shǒu	
老保守。	845
守分寸。	661

手 shǒu	
摆摆手。	308
打手机。	967
打手势。	598
分手吧。	144
空手去。	780
快撒手。	368
没对手。	432
弄到手。	1178
请举手。	720
手头紧。	663
一把手。	991
有一手。	428
请举手。	720

受 shòu	
不受贿。	688
活受罪。	779
谦受益。	678
受不了。	199
受潮了。	962
受欢迎。	377
受连累。	846
受委屈。	657

瘦 shòu	
瘦一点(儿)。	727

舒 shū	
不舒服。	103

蔬 shū	
种蔬菜。	132

书 shū	
打开书。	194
逛书店。	682
去买书。	297

输 shū	
我认输。	1141

暑 shǔ	
放暑假。	480

数 shǔ/shù	
瞒数字。	655
没有数(儿)。	441
数不清。	1189
数不着。	761
数一数。	333

属 shǔ	
属牛的。	584

束 shù	
结束了。	307

漱 shù	
漱漱口。	982

耍 shuǎ	
耍脾气。	665

甩 shuǎi	
被甩了。	1015
甩闲话。	683

帅 shuài	
你真帅。	631

水 shuǐ	
不怕水。	567
看风水。	1067
捞油水。	875
烧水去。	725
水开了。	390
水平高。	181

睡 shuì	
才睡觉。	615
打瞌睡。	597
没睡好。	421
睡懒觉。	923
睡落枕。	1182

顺 shùn	
不顺眼。	828
很顺利。	464
顺便买。	354

说 shuō	
报上说。	711

比方说。	247
别胡说!	1081
不说谎。	380
大胆说。	578
反复说。	413
赶紧说。	548
跟我说。	483
老实说。	146
没的说!	485
没说错。	450
那么说。	618
齐声说。	204
少说话。	572
谁说的?	574
说不好。	624
说得好。	128
说的是。	992
说了算。	680
说实话。	388
说下去。	507
说一番。	445
说中了。	1107
俗话说。	139
听说过。	626
我是说。	554
再说吧。	1054
张嘴说。	212
只管说。	259

司 si	
吃官司。	873

思 si	
没意思。	136
小意思。	379

实 shí	
很实用。	560

斯 sī	
斯文些。	1101

私 sī	
饱私囊。	643
自私鬼。	1143

丝 si	
吃螺丝。	1103

死 sǐ		**损** sǔn		**她** tā		**特** tè	
累死了。	617	满招损。	677	崇拜她。	940	有特色。	1196
闷死了。	952	**所** suǒ		**太** tài		**疼** téng	
怕死鬼。	792	上厕所。	924	不太冷。	86	我头疼。	47
想死你。	1162	无所谓。	692	晒太阳。	220	**踢** tī	
松 sōng				太棒了!	516	踢皮球。	865
不轻松。	700	**嗦** suo		太沉了!	355	踢足球。	747
要放松。	971	打哆嗦。	773	太风流。	860	**提** tí	
送 sòng		**他** tā		太过分。	953	甭提了。	630
别送了。	493	别催他。	349	太好了。	31	提精神。	985
送回去。	217	别理他。	154	太可惜。	396	提前走。	510
送秋波。	641	不及他。	345	太厉害。	406	提线子。	882
要送饭。	922	等他来。	335	太马虎!	610	提醒我。	946
嗽 sou		递给他。	337	太妙了!	515	提意见。	137
咳嗽吗?	91	告诫他。	775	太神了。	1150	**题** tí	
俗 sú		给他吃。	542	太天真。	601	借题目。	876
俗话说。	139	跟他借。	351	太有才!	1161	没问题。	57
素 sù		跟他要。	566	**汰** tài		**体** tǐ	
素一点(儿)。	763	管他呢。	1147	淘汰了。	1123	量体温。	801
诉 sù		叫他来!	361	**贪** tān		做体检。	927
诉苦穷。	829	录取他。	1049	别贪心!	79	**嚏** ti	
酸 suān		佩服他。	264	**弹** tán		打喷嚏。	1011
酸溜溜。	790	批评他。	425	弹吉他。	931	**涕** ti	
算 suàn		请他讲。	532	**谈** tán		流鼻涕。	476
打算去。	116	任他做。	462	大家谈!	315	**天** tiān	
说了算。	680	他才走。	346	谈不上。	858	过两天。	622
算扯平。	1022	他多高?	575	谈了谈。	535	后天走。	74
算了吧。	350	他好奇。	933	**汤** tāng		见天日。	892
算一个。	482	他活该!	1104	灌米汤。	640	满天飞。	997
算账吧。	551	他哭了。	183	落汤鸡。	705	去三天。	252
		他来吗?	20	泡了汤。	893	太天真。	601
随 suí		他妈的。	1061	**堂** táng		天亮了。	29
随便坐。	142	他劝我。	309	吃食堂。	490	天晴了。	196
随它去!	1151	他真惨。	948	**淘** táo		天阴了。	475
随缘吧。	1145	他真酷。	1025	别淘气。	769	天知道!	579
		他嘴快。	669	淘汰了。	1123	要几天?	292
岁 suì		弹吉他。	931	**讨** tǎo		住几天?	403
大两岁。	117	托他买。	534	讨人厌。	670	**挑** tiāo	
虚岁吗?	585	我服他。	921			挑好的。	358
		向他学。	232				
		厌倦他。	1134				
		找他去。	447				
		转告他。	607				
		它 tā					
		随它去!	1151				

条 tiáo			偷吃了。	730	歪 wāi		委 wěi	
留条儿。	581				走歪路。	699	受委屈。	657
跳 tiào			投 tóu		外 wài		尾 wěi	
跳龙门。	955		很投机。	1006	见外了。	803	翘尾巴。	708
跳起来。	287		头 tóu/tou		弯 wān		伟 wěi	
跳槽了。	1029		出风头。	684	绕弯子。	1066	多伟大!	201
铁 tiě			回头见!	149	完 wán		位 wèi	
铁罗汉。	674		回头看。	1139	就完了	422	出位了。	1073
听 tīng			开个头。	1177	没看完。	179	胃 wèi	
不好听。	213		伸舌头。	652	完全对。	70	吊胃口。	869
打听路。	175		手头紧。	663	玩 wán		味 wèi	
打听谁?	271		我头疼。	47	开玩笑。	78	口味高。	1093
给我听。	1126		有看头。	463	挺好玩。	491	有滋味。	419
听不懂。	43		栽跟头。	704	专好玩(儿)。	834	未 wèi	
听后写。	458		皱眉头。	646	顽 wán		未必吧。	414
听你的。	1100		透 tòu		老顽固。	625	卫 wèi	
听说过。	626		糟透了。	770	晚 wǎn		讲卫生。	152
停 tíng			吐 tǔ		吃晚饭。	19	谓 wèi	
风停了。	281		吐唾沫。	653	去晚了。	322	无所谓。	692
挺 tǐng			涂 tu		做晚饭。	166	温 wēn	
挺不错。	557		真糊涂。	552	往 wǎng		量体温。	801
挺得住。	1130		推 tuī		往南拐。	97	洗温泉。	1008
挺好玩。	491		推迟了。	766	有交往。	848	文 wén	
挺奸的。	1028		腿 tuǐ		网 wǎng		背英文。	470
挺开心。	838		插一腿。	974	联网了。	874	文雅的。	810
挺另类。	972		扯后腿。	879	泡网吧。	1005	有文章。	878
硬挺着。	944		腿抽筋。	813	忘 wàng		闻 wén	
通 tōng			退 tuì		忘了吗?	28	炒新闻。	1159
出通知。	1002		退色了。	371	望 wàng		稳 wěn	
很开通。	637		退休了。	728	失望了。	993	很稳重。	562
想不通。	949		想退货。	969	有希望。	242	稳着点。	1072
行不通。	1146		托 tuō		威 wēi		问 wèn	
真灵通。	1020		拜托您。	1019	助助威。	1173	打问号。	886
同 tóng			托他买。	534	为 wéi/wèi		没问题。	57
有同感。	1197		脱 tuō		难为情。	600	问他好。	576
痛 tòng			脱大衣。	268	为什么?	22		
不痛快。	1000		哇 wā					
偷 tōu			卡哇伊。	1102				
别偷懒(儿)。	1140							

文 wen		在我看。	280	喜 xǐ		先这样。	1068
斯文些。	1101	握 wò		办喜事。	295	占先了。	716
我 wǒ		能掌握。	556	洗 xǐ		嫌 xián	
比我强。	113	有把握。	122	洗温泉。	1008	我嫌热。	140
都怪我。	321	无 wú		细 xì		闲 xián	
对我好。	255	无所谓。	692	很详细。	496	甩闲话。	683
放开我!	1082	真无聊。	1156	息 xi		显 xiǎn	
给我吧。	111	五 wǔ		休息吧。	72	很明显。	555
给我买。	488	二百五。	1074	有出息。	570	显得老。	412
给我听。	1126	快五分。	12	系 xi		险 xiǎn	
跟我说。	483	五米长。	298	拉关系。	642	保险些。	759
看我的。	1053	悟 wù		老关系。	671	好险啊!	723
没我多。	453	醒悟到。	549	没关系。	64	加保险。	1065
让我去。	200	物 wù		下 xià/xia		羡 xiàn	
他劝我。	309	爱公物。	794	爱下雨。	301	很羡慕。	753
提醒我。	946	务 wù/wu		灯下黑。	906	现 xiàn	
我保证。	1079	包任务。	729	掉下来。	590	被发现。	1032
我不去。	33	务必去。	1186	放不下。	1057	线 xiàn	
我饿了。	238	恶 wù		记下来。	1004	提线子。	882
我服他。	921	真可恶。	718	降下来。	619	香 xiāng	
我敢去。	155	误 wù		两下子。	852	很吃香。	437
我挂号。	568	别误会。	340	请放下。	721	相 xiāng/xiàng	
我很忙。	75	误点了。	714	请收下。	76	不相信。	236
我交代。	1099	希 xī		容得下。	288	出洋相。	602
我就来。	323	有希望。	242	说下去。	507	相当好。	537
我就是。	454	稀 xī		下车吧!	93	照相吧!	397
我困了。	423	抹稀泥。	854	下饭馆。	586	详 xiáng	
我来付。	384	稀刺刺。	785	下功夫。	558	很详细。	496
我来了!	120	吸 xī		下决心。	1045	想 xiǎng	
我老大。	411	吸烟吗?	48	下雨呢。	82	不想吃。	50
我买单。	913	惜 xī		咽下去。	306	没想到。	474
我没去。	457	太可惜!	396	有下落。	1199	想不出。	186
我请客。	153	习 xí		走下坡。	841	想不到。	185
我去取。	3	习惯了。	15	钻下去。	859	想不开。	187
我认输。	1141			吓 xià		想不通。	949
我是说。	554			吓坏了。	134	想当然。	1039
我头疼。	47			先 xiān		想死你。	1162
我嫌热。	140			您先请。	1128		
我晓得。	1106			您先上。	302		
我也去。	52			先拨零。	589		
我也是。	1174			先应急。	1090		
我赞成。	81						
我走啦。	67						
我最小。	330						
我做东。	1016						
要我去。	533						
依我看。	279						

想退货。	969	真可笑。	719	新年好!	550	休息吧。	72
有理想。	541	**些** xiē		**辛** xīn		**修** xiū	
响 xiǎng		保险些。	759	辛苦了。	35	修好了。	215
有影响。	244	斯文些。	1101	**信** xìn		**羞** xiū	
向 xiàng		**鞋** xié		不相信。	236	不怕羞。	603
向后看。	887	穿小鞋。	907	发短信。	1007	**秀** xiù	
向前看。	685	穿着鞋。	526	讲信义。	1052	很秀气。	1118
向他学。	232	在穿鞋。	525	写着信。	178	**虚** xū	
向右转。	796	**写** xiě		有信心。	310	很谦虚。	563
作向导。	605	亲笔写。	436	**星** xīng		虚岁吗?	585
象 xiàng		听后写。	458	星期几?	90	**许** xǔ	
搞对象。	795	写满了。	133	**型** xíng		不许愿。	687
印象深。	282	写着信。	178	很有型。	1026	也许来。	222
像 xiàng		**泄** xiè		**行** xíng		**续** xù	
不像话!	254	发泄了。	979	不行吗?	36	继续干。	1181
消 xiāo		**谢** xiè		你真行!	362	**学** xué	
吃不消。	418	不用谢。	99	谁都行。	543	交学费。	884
取消了。	752	花谢了。	257	行不通。	1146	念大学。	234
消遣了。	843	谢谢您。	98	行方便。	1113	拼命学。	1176
销 xiāo		**心** xīn		怎么行!	435	向他学。	232
很畅销。	1076	别担心。	262	**醒** xǐng		学会了。	409
小 xiǎo		别灰心。	399	你醒醒。	587	学雷锋。	216
不小了。	300	别贪心!	79	提醒我。	946	学校见。	246
穿小鞋。	907	不放心。	328	醒悟到。	549	**寻** xún	
开小差(儿)。	849	不甘心。	327	**姓** xìng		寻短见。	812
开小灶。	895	放心吧!	173	不姓李。	583	**训** xùn	
年纪小。	65	很热心。	521	您贵姓?	4	挨训了。	629
我最小。	330	坏心眼(儿)!	1154	**性** xìng		**押** yā	
小意思。	379	挺开心。	838	很性感。	1135	押后阵。	862
晓 xiǎo		下决心。	1045	慢性子。	1095	**压** yā	
我晓得。	1106	心很软。	1018	性情好。	666	压着火。	1133
校 xiào		心领了。	735	**兴** xìng		**雅** yǎ	
学校见。	246	心眼(儿)快。	503	感兴趣。	83	文雅的。	810
笑 xiào		有恒心。	827	很高兴。	182	**呀** ya	
开玩笑。	78	有心事。	1193	扫兴了。	935	别价呀!	1058
赔笑脸。	941	有信心。	310	准高兴。	765		
笑话人。	184	真可心。	764	**休** xiū			
笑眯眯。	226	最用心。	1167	退休了。	728		
		新 xīn					
		炒新闻。	1159				
		很新颖。	938				

好贵**呀**！	249	**阳** yáng		**也** yě		一般吧。	1003
巧合**呀**。	1117	晒太**阳**。	220	可**也**是。	611	一定去。	55
烟 yān		**痒** yǎng		我**也**去。	52	一样吗？	45
吸**烟**吗？	48	发**痒**了。	802	我**也**是。	1174	一直走。	96
炎 yán		**养** yǎng		**也**许来。	222	有一手。	428
气管**炎**。	857	能**养**活。	1179	**夜** yè		转一圈（儿）。	218
严 yán		**养**猎狗。	734	开**夜**车。	284	走一杯。	973
很**严**重。	277	**样** yàng		**业** yè		**遗** yí	
你真**严**。	231	就这**样**！	367	搞农**业**。	989	很**遗**憾。	514
嘴**严**实。	596	看**样**子。	138	**伊** yī		**以** yǐ	
掩 yǎn		老**样**子。	604	卡哇**伊**。	1102	还可**以**。	520
掩盖了。	826	先这**样**。	1068	**依** yī		可**以**吗？	17
眼 yǎn		一**样**吗？	45	**依**我看。	279	**意** yì/yi	
饱**眼**福。	1183	又怎**样**。	1114	**衣** yī		别大**意**。	401
不顺**眼**。	828	怎么**样**？	1	晾**衣**服。	984	别介**意**。	1127
戴**眼**镜。	118	做榜**样**。	352	脱大**衣**。	268	不如**意**。	372
翻白**眼**（儿）。	647	**咬** yǎo		做**衣**服。	130	故**意**做。	1044
坏心**眼**（儿）！	1154	**咬**耳朵。	830	**医** yī		很满**意**。	762
开**眼**界。	1190	**咬**指甲。	353	住**医**院。	258	没**意**思。	136
看**眼**色。	825	**要** yào		**一** yi/yí/yì/yī		没注**意**。	741
配**眼**镜。	312	不**要**紧。	438	比**一**比。	477	提**意**见。	137
亲**眼**看。	369	非**要**去。	1158	不**一**定。	499	小**意**思。	379
使**眼**色。	648	跟他**要**。	566	插**一**腿。	974	有**意**义。	338
心**眼**（儿）快。	503	**要**不**要**？	63	尝**一**尝。	565	愿**意**去。	334
有**眼**力。	530	**要**测验。	722	撮**一**顿。	1071	中**意**吗？	385
咽 yàn		**要**拆迁。	1091	等**一**等。	87	做生**意**。	742
咽下去。	306	**要**大的。	452	静**一**点（儿）。	375	**益** yì	
厌 yàn		**要**打包。	934	扣**一**成。	392	谦受**益**。	678
讨人**厌**。	670	**要**倒了。	489	拉**一**把。	1112	**义** yì	
厌倦他。	1134	**要**得罪。	1187	来**一**瓶！	89	发讲**义**。	1009
验 yàn		**要**放松。	971	哪**一**件？	41	讲信**义**。	1052
要测**验**。	722	**要**几天？	292	跑**一**圈（儿）。	799	有疑**义**。	1195
有经**验**。	564	**要**面子。	500	碰**一**碰。	842	有意**义**。	338
有灵**验**。	847	**要**收拾！	736	亲**一**亲。	227	做**义**工。	867
洋 yáng		**要**送饭。	922	少**一**个。	299	**译** yì	
出**洋**相。	602	**要**我去。	533	瘦**一**点（儿）。	727	当翻**译**。	505
挺**洋**气。	920	真**要**命。	628	数**一**数。	333	**宜** yí	
		药 yào		说**一**番。	445	占便**宜**。	1024
		吃错**药**。	1132	素**一**点（儿）。	763	真便**宜**！	59
		请吃**药**。	407	算**一**个。	482		
				一把手。	991		

因 yīn		没用的。	504	有交往。	848	友 yǒu	
有原因。	1194	请用吧!	101	有经验。	564	够朋友。	844
		用不着。	1088	有看头。	463		
阴 yīn		有用处。	373	有礼貌。	245	愉 yú	
天阴了。	475	真顶用。	776	有灵验。	847	很愉快。	976
		真用功。	588	有理想。	541		
银 yín		最用心。	1167	有路子。	698	鱼 yú	
抢银行。	918			有毛病。	84	炒鱿鱼。	881
		油 yōu/yóu		有魅力。	807		
瘾 yǐn		放酱油。	739	有魄力。	638	雨 yǔ	
上瘾了。	937	加汽油。	290	有趣吗?	956	爱下雨。	301
		加油吧!	410	有人吗?	314	经风雨。	1040
印 yìn		捞油水。	875	有人气。	915	下雨呢。	82
印象深。	282	绿油油。	791	有事(儿)吗?	26	雨住了。	197
				有特色。	1196		
英 yīng		邮 yóu		有同感。	1197	预 yù	
背英文。	470	请邮寄。	393	有文章。	878	有预感。	1198
				有希望。	242		
应 yīng/yìng		鱿 yóu		有下落。	1199	原 yuán	
不答应。	366	炒鱿鱼。	881	有心事。	1193	请原谅。	269
会应酬。	658			有信心。	310	有原因。	1194
先应急。	1090	有 yǒu		有眼力。	530		
应该做。	276	很有型。	1026	有一手。	428	圆 yuán	
		没有带。	129	有疑义。	1195	打圆场。	919
迎 yíng		没有了。	23	有意义。	338		
欢迎您!	9	没有数(儿)。	441	有影响。	244	缘 yuán	
受欢迎。	377	太有才!	1161	有用处。	373	随缘吧。	1145
		有把握。	122	有勇气。	539	有缘分。	998
影 yǐng		有本事。	540	有预感。	1198		
拍电影。	1046	有成见。	819	有缘分。	998	远 yuǎn	
有影响。	244	有出息。	570	有远见。	531	差得远。	508
		有道理。	326	有原因。	1194	出远门。	990
颖 yǐng		有打折。	1169	有约会。	265	有多远?	95
很新颖。	938	有的是。	209	有责任。	320	有远见。	531
		有多远?	95	有智慧。	1191	远着呢。	620
硬 yìng		有多重?	449	有滋味。	419		
硬挺着。	944	有饭吃。	594	真有你!	1200	院 yuàn	
		有风度。	529			住医院。	258
勇 yǒng		有干劲(儿)。	1136	右 yòu			
有勇气。	539	有感情。	427	向右转。	796	怨 yuàn	
		有疙瘩。	861			不怨你。	1001
用 yòng		有工夫。	304	又 yòu			
不管用。	127	有功能。	1192	快又好。	481	愿 yuàn	
不用了。	726	有规律。	932	又来了。	102	不许愿。	687
不用忙。	126	有好处。	798	又没中。	1160	愿意去。	334
不用谢。	99	有恒心。	827	又怎样。	1114		
等着用。	758	有后盾。	816			约 yuē	
很实用。	560	有几个?	62			有约会。	265

月 yuè			怎 zěn			招 zhāo			写着信。	178
赏月去。	731		又怎样。	1114		打招呼。	157		压着火。	1133
运 yùn			怎么办?	5		满招损。	677		硬挺着。	944
凭运气。	772		怎么了?	21		着 zháo			远着呢。	620
运气好。	251		怎么念?	42		别着急!	94		走着瞧。	1038
走红运。	902		怎么行!	435		干着急。	599		走着去。	171
杂 zá			怎么样?	1		能够着。	1051		真 zhēn	
真复杂!	501		摘 zhāi			数不着。	761		别当真!	455
栽 zāi			摘果子。	266		用不着。	1088		很认真。	161
栽跟头。	704		展 zhǎn			着迷了。	1094		你真菜。	1030
再 zài			办展览。	707		找着了。	114		你真成。	616
再说吧。	1054		占 zhàn			找 zhǎo			你真帅。	631
在 zài			占便宜。	1024		很好找。	248		你真行!	362
不在行。	207		占先了。	716		你找谁?	40		你真严。	231
不在乎。	691		站 zhàn			找遍了。	715		他真惨。	948
在穿鞋。	525		靠边(儿)站。	1144		找出路。	883		他真酷。	1025
在家吗?	56		站住了。	256		找借口。	1096		太天真。	601
在哪里?	10		张 zhāng			找什么?	34		真不巧!	318
在我看。	280		别张罗。	378		找他去。	447		真倒霉。	394
赞 zàn			很紧张。	456		找着了。	114		真顶用。	776
我赞成。	81		张嘴说。	212		照 zhào			真多事。	1055
糟 zāo			章 zhāng			照办吧。	1188		真复杂!	501
多糟糕!	325		有文章。	878		照相吧。	397		真够劲。	484
糟透了。	770		掌 zhǎng			折 zhé			真够戗。	804
早 zǎo			能掌握。	556		有打折。	1169		真糊涂。	552
还早呢!	416		涨 zhǎng			这 zhè			真积极。	1172
你们早。	73		涨价了。	823		就这样!	367		真寂寞。	738
起得早。	170		长 zhǎng			先这样。	1068		真娇气。	479
早来了。	313		长得美。	818		这么多。	30		真精彩!	696
早知道。	420		长个子。	538		着 zhe			真可怜。	717
造 zào			长见识。	820		穿着鞋。	526		真可恶。	718
造空气。	904		帐 zhàng			等着用。	758		真可笑。	719
灶 zào			不合帐。	898		对着干。	1042		真可心。	764
开小灶。	895		账 zhàng			烦着呢。	1070		真灵通。	1020
责 zé			翻老账。	1034		刮着风。	177		真没劲。	1062
有责任。	320		算账吧。	551		接着干。	612		真难得。	635
						看着买。	395		真便宜!	59
						烤着吃。	988		真奇怪!	250
						慢着点(儿)。	1089		真俏皮。	636
						期待着。	1092		真缺德!	703
						绕着走。	743		真是的!	614
						稳着点。	1072		真无聊。	1156
									真要命。	628
									真用功。	588
									真有你!	1200

193

一 文字索引

枕 zhěn		只 zhī		吃不住。	870	捉 zhuō	
睡落枕。	1182	只管说。	259	禁不住。	1125	捉迷藏。	740
阵 zhèn		只好去。	434	靠不住。	402	滋 zī	
押后阵。	862	志 zhì		忍不住。	203	有滋味。	419
争 zhēng		没志气。	417	收不住。	732	字 zì	
争口气。	1085	治 zhì		挺得住。	1130	瞒数字。	655
整 zhěng		没治了!	695	雨住了。	197	自 zì	
整脸子。	836	制 zhì		站住了。	256	自己来。	164
症 zhèng		AA 制。	912	住几天?	403	自满了。	341
得癌症。	929	智 zhì		住医院。	258	自私鬼。	1143
正 zhèng		有智慧。	1191	祝 zhù		子 zi	
很正常。	966	致 zhì		祝贺您!	319	摆架子。	472
那正好。	1078	很别致。	760	助 zhù		抱孩子。	148
正经点(儿)。	1098	钟 zhōng		助助威。	1173	包饺子。	131
证 zhèng		几点钟?	239	注 zhù		出点子。	901
我保证。	1079	上闹钟。	690	没注意。	741	出乱子。	954
筝 zheng		重 zhòng		注射吧。	195	穿裤子。	147
放风筝。	733	多保重。	926	抓 zhuā		创牌子。	950
支 zhī		很稳重。	562	被抓获。	959	胆子大。	289
开支票。	894	很严重。	277	抓短处。	814	底子薄。	891
支持你。	1168	有多重?	449	拽 zhuài		钉钉子。	123
知 zhī		中 zhòng		拽胳膊。	853	盖房子。	135
不知趣。	1060	说中了。	1107	专 zhuān		个子高。	272
出通知。	1002	又没中。	1160	专好玩(儿)。	834	过筛子。	885
哪知道?	573	中意吗?	385	转 zhuǎn/zhuàng		开口子。	686
天知道!	579	种 zhòng		向右转。	796	看样子。	138
早知道。	420	种蔬菜。	132	转一圈(儿)。	218	扣扣子。	124
知道了。	88	咒 zhòu		转告她。	607	哭鼻子。	654
装知道。	376	没咒念。	1017	装 zhuāng		老样子。	604
直 zhí		皱 zhòu		装知道。	376	两下子。	852
一直走。	96	皱眉头。	646	撞 zhuàng		捋胡子。	650
值 zhí		主 zhǔ		撞伤了。	800	慢性子。	1095
值得看。	459	唱主角。	995	准 zhǔn		闹肚子。	229
指 zhǐ		住 zhù		准备好。	27	脑子笨。	311
咬指甲。	353	沉住气。	889	准高兴。	765	碰钉子。	822
指不上。	1069			准时到。	398	绕弯子。	1066
						嗓子好。	415
						生炉子。	305
						提线子。	882
						要面子。	500
						有路子。	698
						摘果子。	266
						长个子。	538
						整脸子。	836

走 zǒu		走着瞧。	1038	最用心。	1167	做 zuò	
后天走。	74	走着去。	171	罪 zuì		故意做。	1044
临走时。	159	足 zú		活受罪。	779	任他做。	462
请慢走!	492	踢足球。	747	要得罪。	1187	我做东。	1016
绕着走。	743	钻 zuān		坐 zuò		应该做。	276
他才走。	346	钻下去。	859	请坐吧。	49	做榜样。	352
提前走。	510	嘴 zuǐ		随便坐。	142	做报告。	156
我走啦。	67	咕嘟嘴。	651	座 zuò		做到底。	1131
一直走。	96	他嘴快。	669	很卖座。	1184	做得了。	343
走不动。	1138	张嘴说。	212	作 zuò		做调查。	523
走过场。	1111	嘴不好。	668	调工作。	925	做鬼脸。	645
走过去。	169	嘴严实。	596	作向导。	605	做好看。	840
走红运。	902	最 zuì				做梦了。	339
走后门。	473	我最小。	330			做生意。	742
走亲戚。	781					做体检。	927
走歪路。	699					做晚饭。	166
走下坡。	841					做衣服。	130
走一杯。	973					做义工。	867

日本語索引

※数字は1200までの三文字ナンバー

～

- ～で会いましょう。 246
- ～とは限らない。 499
- ～に借りる。 351
- ～に敬服する。 264
- ～に親切である。 255
- ～にはおよばない。 345
- ～に学べ。 232
- ～の考えによると。 279
- ～の立場では。 280
- ～もそうです。 1174
- ～をせかすな。 349
- ～を批判する。 425

あ

- あいかわらず。 604
- 愛嬌がある。 807
- アイコンタクトをとる。 648
- 挨拶をする。 157
- 愛想がいい。 658
- 会いたい。 1162
- あいづちを打つ。 808
- アイディアを出す。 901
- 相手にする。 430
- あいにく。 621
- 会いましょう。(学校で) 246
- 会う約束をする。 265
- あえて行く。(私は) 155
- 青々としている。 791
- 垢抜けている。 920
- 灯が消えた。 202
- あがる。 936
- アカンベをする。 645
- 飽き飽きした。(彼には) 1134
- 諦めきれない。 187
- あくびをする。 219
- 明けましておめでとう！ 550
- あごひげをなでる。 650
- あさって行く。 74
- 浅はかな考えをおこす。 812
- 足がひきつる。 813
- 足手まとい。 879
- 味わいがある。 419
- 味わってみる。 565
- 足を踏み入れる。 974
- 汗っかきである。 230
- 遊びに余念がない。 834
- 暖かくなった。 593
- 温めますか？ 1075
- あだ名をつける。 815
- 頭が痛い。 709
- 頭が痛い。(私、) 47
- 頭が悪い。 311
- 頭を働かせる。 162
- 当たり前なこと。 966
- あちこち飛び回る。 997
- 熱いうちに飲む。 348
- 暑いのがいや。(私は) 140
- 厚かましい。 811
- あっち行って。 1144
- 当ててみて。 331
- あてにできない。 1069
- あてにならない。 402
- 後についていけない。 693
- 後の祭り。 1037
- あなたって人は。 518
- あなたの番です。 121
- あぶない！ 723
- 甘い言葉で人を惑わせる。 640
- 甘い汁を吸う。 875
- あまり寒くない。 86
- あまり話さないように。 572
- 甘んじない。 327
- 雨が降っている。 82
- 雨が降りがちです。 301
- 雨が止んだ。 197
- 改めた。 545
- ありえない。 1087
- ありがとうございます。 98
- 歩いて行く。 171
- 歩いて遠ざかっていく。 169
- アルバイトに行く。 963
- 合わせている。(あなたに) 1142
- 慌てるな！ 94
- 安心。 759
- 安心して！ 173
- 安心できない。 328

い

- 言い当てた。 1107
- いい加減な！ 610
- いいコンビ。 1048
- 言いたいのは。(私が) 554
- 言い出しにくい。 996
- いいですか？ 17
- 言い間違えていない。 450
- 言い間違える。 1103
- 言い訳をする。 1096
- 言う通りにしよう。 1100
- 言うまでもない。 858
- 家にいますか？ 56
- 言えば決まる。 680
- イエローカードを出す。 957
- 家を建てる。 135
- 家を離れる。 332
- 行かせて。(私に) 200
- 行かない。(私は) 33
- 行かなかった。(私は) 457
- 怒りや不満を漏らす。 979
- 怒りを抑えている。 1133
- 意義がある。 338
- 行きたいと願う。 334
- 行きたきゃ行きます！ 487
- 行き詰まる。 1146
- いきである。(粋) 636
- 行き届きませんで。 945
- 行くかもしれない。 478
- 行くことができる。 478
- 意気地がない。 417
- いくつありますか？ 62
- 行くつもりです。 116
- 行くなら行け！ 487
- 行くようにたのむ。(私に) 533
- いくらでもある。 209
- 意見を出す。 137
- いじめられる。 657
- いじわるー！ 1154
- 意地をみせる。 1085
- いずれそのうち。 1054
- 急いで手を離す。 368
- 急いでやる。 850
- 急いで話す。 548
- 急がなくていい。 126
- いたずらをするな。 769
- いただきます。 1080
- 一番手。 991
- 一番年下。(私が) 330
- 一番のこだわり。 1167
- 一目置いています。(私は彼に) 921
- 一割引。 392
- 一生懸命に学ぶ。 1176
- 一炊の夢。 1122
- 言ったことには責任を持つ。 680
- 行ったら遅すぎた。 322
- 一杯行きましょう。 973
- 一派を立てる。 877
- 一本下さい。 89
- 居眠りをする。 597
- 威張る。 472
- 威張るなよ。 1148
- いびきをかく。 1012
- 意表を突く。 1073
- いびる。 907
- いまいち。 1153
- 今行ったとこです。(彼は) 346
- 今来たばかりです。 115
- 戒める。(彼を) 775
- いやみを言う。 683
- いらっしゃい！ 69
- 要りますか？ 63
- 入れ知恵をする。 901
- 色がさめる。 371
- 色目を使う。 641

いわく因縁がある。	878	運に頼る。	772	遅れた。(交通手段が)	714	お人好し。	639
言わないで。	630			遅れるな。	167	おべっか。	1077
いわゆる。	139	**え**		おこがましい。	634	おべっかを使う。	835
異を唱える。	947	映画を撮る。	1046	怒った。	11	覚えていない。	461
印象深い。	282	影響がある。	244	おごります。(私が)	153	覚えておく。	1004
インターネットカフェ		衛生に注意する。		お先にどうぞ。	1128	覚えてろ！	1038
で時間をつぶす。	1005	衛生を重んじる。	152	お先にどうぞ。		お待ち下さい。	975
インターネットをす		英文を暗記する。	470	（バス、エレベーター		おめでとうござい	
る。	874	得がたい。	635	等で）	302	ます！	319
		偉そうな口をきく。	981	おしいですネ！	396	重い！	355
う		エレガントだ。	810	お静かに！	375	思い切って言う。	578
うがいをする。	982	絵を描く。	125	おしゃべりをしな		思いつかない。	186
ウケない。	192	縁がある。	998	いで！	751	思いつかなかった。	474
動けない。	1138	縁があれば。	1145	お邪魔します。	275	思いもよらない。	185
憂さを晴らす。	843	延期した。	766	恐れ入ります。	608	お申しつけ下さい。	1108
後盾がある。	816	縁起をかつぐ。	821	おだてる。おだて		思う通りにならな	
後について言って。				に乗る。	880	い。	372
（私の）	483	**お**		穏やかである。	433	重くて持てない。	870
後ろ向きに考える。	887	お会いしたことが		穏やかで落ち着い		面白い。	491
うし年生まれ。	584	ありますか？	389	ている。	562	面白いですか？	956
嘘は言わない。	380	追いつくことがで		落ち着いて。	1072	面白くない。	136
疑いがある。	1195	きる。	180	落ちてくる。	590	お持ちしましょう。	294
凝っている。	1094	応援します。		落ち目。	841	お安い御用だ。	
打ち込む。		（あなたを）	1168	お茶をどうぞ。	85	（それは，）	681
（物や研究に）	859	応じない。	366	お茶を濁す。	1111	おやすみなさい。	72
打ち破った。	580	大きいものを下さ		お茶を入れましょ		お湯が沸いた。	390
うっかりするな。	401	い。	452	うか。	756	お許し下さい。	269
美しく育った。	818	大きくなった。	300	おっしゃる通りです。		お湯を沸かしに行	
訴えられる。	873	大きなお世話。	1088	（あなたの）	992	く。	725
打つ手なし。	1017	多くない。(私ほど)	453	お手上げ。	1141	およばない。	
腕がなえる。	853	お納め下さい。	76	お手上げだ。	1017	（彼には）	345
腕をみがく。	558	大ボラを吹く。	502	お手本にする。	352	お礼返しをする。	832
独活(うど)の大木。	673	お帰り下さい。	994	驚いた。	241	お別れしましょう。	144
うぬぼれた。	341	おかしい。	719	お腹いっぱい食べ		終わった。	307
うぬぼれるな。	1119	お構いなく。	270	ました。	237	終わります。	422
うまく言えない。	624	お構いなく。(主人の		お腹が空きました。		温泉に入る。	1008
馬の耳に念仏。	676	もてなしに対して)	378	（私は）	238	恩を着せる。	667
裏口入学をする。	473	お勘定して下さい。		お腹は空きません。	39		
裏取引をする。	473	（レストラン等で）	551	お腹をこわす。	229	**か**	
羨ましい。	753	起きるのが早い。	170	同じですか？	45	解決した。	910
恨んでいない。		お気をつけて！		お名前は？		解除した。	806
（あなたを）	1001	（お帰り下さい。）	492	（あなたの）	4	ガイドをする。	605
売り切れた。	486	お気をつけて。	926	お並び下さい。	999	開放した。	806
嬉しい。	182	おくびょう者。	792	鬼ごっこをする。	740	カウントダウンを	
売れ行きがいい。	1076	遅らせた。	766	お願いします。	1019	する。	158
うわの空。	849	送らないで下さい。		お願いします。	273	返す。	217
運がよい。	251	（帰り際、見送りを受け		おはよう！	73	返す。(あなたに)	571
うんざり。	1062	た時）	493	おはらい箱になる。	881	買えない。	

（お金がなくて）	206	ガランとしている。	782	気功をする。	797	急用ではない。	267
帰ります。	67	借りたものを返す。		ぎこちない。	1030	教訓を得る。	884
顔色をうかがう。	825	（あなたに）	571	気魂がある。	638	興味を抱かせる。	869
顔が赤くなった。	517	借りる。（彼に）	351	キザだ。	860	興味を感じる。	83
かかあ天下。（"妻管厳"		彼には飽き飽きし		キスをする。	227	ギョーザを作る。	131
のしゃれ言葉）	857	た。	1134	規則正しい。	932	拒絶される。	822
欠かせない。	768	彼は早口だ。	669	基礎を築く。	1047	距離がありますか?	95
書き満たす。	133	彼は私に忠告をす		ギターを弾く。	931	切り札を出す。	905
学費をはらう。	884	る。	309	期待しています。	1092	きれい。	495
陰で操る。	882	彼は口が軽い。	669	気立てがよい。	666	きれい。	553
賭ける?	978	かわいい。	491	来たばかりです。	115	気を落ち着かせる。	889
かこつける。	876	かわいい。	1102	きつい、強い。		気を揉むばかり。	599
過去の名声で生活		かわいそう。	717	（酒、タバコ）	484	銀行強盗をする。	918
をする。	872	かわいそう。（彼は）	948	きつい。（服などが）	727		
かしこい!	1150	変わっている。	972	気付かせてくれる。		**く**	
風が吹いている。	177	皮まで食べる。	383	（私を）	946	空気がもれる。	855
風が止んだ。	281	考えが浮かばない。	186	気付かなかった。	741	クゥクゥと鳴く。	524
風邪をひいた。	51	考えによると。		切っても切れない。	660	グーグー鳴る。	524
数えきれないほど		（私の）	279	きっと喜びます。	765	偶然の一致。	1117
ある。	1189	関係がない。	64	規定によると。	623	釘を打つ。	123
数えですか?	585	甘言を弄す。	640	来ている。	313	くされ縁。	671
ガソリンを入れる。	290	がんこ。	625	機転がきく。	503	くしゃみをする。	1011
片意地を張る。	944	がんこで融通がき		軌道に乗らない。	899	薬を飲んで下さい。	407
形にする。	1059	かない。	674	気に入っています。	764	下さい。（私に）	111
片付けましょう!	736	癪癖を起こす。	522	気に入らない。	828	果物を採る。	266
片付けろ。	1090	感動した。	536	気に入りましたか?	385	くだらない!	254
がっかりしないで。	399	ガンになる。	929	気にかけない。	691	口当たりがよい。	914
カッコイイ!（君）	362	頑張り通そう!	77	気にしないで。	1127	口裏を合わせる。	1013
カッコイイ!		ガンバレ!	410	気にするな。	262	口がたい。	596
（君は）	631	頑張れ。	1137	気恥ずかしい。	1043	口が悪い。	668
かっこつけるな。	1119	眼力がある。	530	厳しい。（あなたは）	231	口利きをする。	686
買って。（私のために）	488	緩和した。	965	気分が悪い。	103	唇をとがらせる。	
買ってもらう。				来ますか?（彼は）	20	（不満、怒りを表す）	651
（彼に）	534	**き**		きまりが悪い。	600	口を開けて話す。	212
活発である。	746	聞いた後に書く。	458	決めました。	8	愚痴を言う。	1110
活路を見出す。	883	聞いたことがあり		決めました。	910	靴を履いている。	
悲しい。	386	ます。	626	決められた通りや		（今）	525
必ず行く。	55	聞いてわからない。	43	ろう。	1188	靴を履いている。	
かまいませんよ!	485	気後れする。	936	気持ちが晴れない。	1000	（持続）	526
かまうものか。	1147	気が合わない。	404	気持ちです。	379	くどくどと言う。	445
かまってくれない。	263	機会を逸する。	444	気持ちをふっきれ		くびになる。	881
かまってもられない。	837	気が利いている。	1118	ない。	187	くまなく探した。	715
かまわずに話す。	259	聞き苦しい。	213	肝っ玉が大きい。	289	くやしい思いをす	
かまわないで。（彼に）	154	聞き取れない。	43	疑問符をつける。	886	る。	657
我慢できる。		効き目がある。	1192	休憩しましょう。	72	比べようがない。	
（肉体的に）	1130	効き目がない。	127	牛耳ることができ		（言葉や話が）	1163
かゆくなった。	802	帰郷する。	863	る。	556	比べる。	477
からかうな!	360	機嫌を取る。	941	急場をしのげ。	1090	比べるものがない。	432

繰上げて行く。	510	交際する。	430	壊れたの？	46	仕方がない。	211
繰返し言う。	413	恒常心がある。	827	根気がある。	827	仕方なく行く。	434
来るかもしれない。	222	高熱を出す。	286	こんなにもたくさん。	30	叱られた。	629
苦しいときの神頼み。	900	傲慢になる。	708	こんにちは！	120	時間通りに着く。	398
来るのを待つ。（彼が）	335	合理的でない。	235	コンビ。	1048	時間になりました。	986
車が混む。	160	声がいい。	415	コンビである。	430	時間を合わせる。	1124
車を運転できる。	66	声をそろえて言う。	204			時間を割く。	1035
車を降りましょう。	93	ゴーサインを出す。	896	**さ**		直筆で書く。	436
車を乗り換えなくてはいけない。	92	凍って氷になる。	748	さぁ一杯行きましょう。	973	至急入り用です。	758
ぐれる。	699	コートを脱ぐ。	268	最高！	695	湿気た。	962
苦労をする。	1040	誤解しないで下さい。	340	最高！	706	試験に合格できる。	150
詳しい。	496	小切手を切る。	894	最後までやる。	1131	試験を行います。	722
食わずぎらい。	819	ご苦労様。	35	幸先がよい。	697	地獄耳だね。	1020
		ご苦労様でした。	547	採算が合わない。	898	自己中心的。	1143
け		心地よい。	1166	採用する。（彼を）	1049	仕事を請負う。	729
景気がよい。	1031	心あたたかい。	460	探し当てた。	114	自殺する。	812
経験がある。	564	来させて！（彼を）	361	探しに行く。（彼を）	447	辞書をひく。	193
警告する。	957	個性的だ。	1026	さがしやすい。	248	自信がある。	122
携帯メールを送る。	1007	答えに詰まった。	1157	下がってくる。（気温等が）	619	自信がある。	310
携帯をかける。	967	ごちそうさま！	237	盛んである。	809	自信満々。	341
敬服する。（彼に）	264	ごちそうする。（私が）	1016	先にゼロを回す。（電話）	589	時代遅れ。	845
軽蔑する。	208	ごちゃごちゃしている。	787	さすがあなただ！	1200	時代遅れ。	1123
結構です。	726	孤独。	528	サッカーをする。	747	したいようにさせる。（彼の）	462
結婚式をする。	295	子どもを抱く。	148	悟る。	549	舌が肥えている。	1093
決心する。	1045	コネをつける。	642	さばけている。	637	親しみがある。	427
欠点がある。	84	このままにしておこう。	1068	サバを読む。	655	舌を出す。	652
謙虚さは益がある。	678	好まれている。	437	寂しい。	738	しっくりこない。	1116
謙虚である。	563	この目で見る。	369	サボる。	849	実際的なことをする。	866
元気を出す。	985	この野郎。	1061	ざまぁ見ろ！（あいつ）	1104	知ったふりをする。	376
健康診断を受ける。	927	この様子だと。	138	寒がらない。	176	知っている。	420
原稿料が出る。	767	5分進んでいる。	12	寒くない。	86	しっぺ返しをする。	832
見聞を広める。	820	困る。	628	さらによくなった。	210	失望しました。	993
		ごみを捨てる。	983	騒がしくてたまらない。	856	実用的です。	560
こ		ご面倒をおかけします。	274	斬新。	938	失礼しました。	1149
ご案内します。	1170	こらえきれない。	203	賛成です。（私は）	81	失礼します。（別れる時）	1109
恋しい。	1162	こらえきれない。	1125	3対0。	293	失礼だ！	703
恋人をつくる。	795	こらえることが出来ない。	732	3倍になる。	283	死にそうに疲れた。	617
幸運にめぐり合う。	902	来られない。	145			死ぬ。	863
後悔した。	442	ご利益がある。	847	**し**		死ぬほど会いたい。	1162
好奇心がある。（彼は）	933	ゴロゴロ。（雷）	788	試合を見る。	613	しばしば来る。	347
公共の物を大切にする。	794	怖がるな。	592	仕方がないと諦める。	647	しばらく成り行きを見る。	1038
ゴウゴウ。	788	怖くない！	205			しびれを切らす。	662
交際上手。	658					しぶいなぁ。（彼は）	1025
						私腹を肥やす。	643

日本語索引

自分でする。	164	親切。	521	するべきです。	276	その調子！	367
しまった！	325	親切である。(私に)	255	ズルをする。	951	その通り。	70
地味。	763	心配事がある。	1193	座って下さい。	49	空が曇った。	475
写真を撮りましょう！	397	新聞によると。	711	済んだことを蒸し返す。	1034	それがどうした。	1114
車内が混む。	160	進歩が速い。	172			それで？	1097
邪魔。	977					それどころじゃない。	837
自由に座る。	142	## す		## せ		それにはおよびません！	429
十分に責任能力がある。	833	スイッチを入れる。	897	声援を送る。	1173	そんなはずはない。	260
修理ができた。	215	数字をごまかす。	655	正解！	1152	そんな必要はない。	1171
授業をサボらない。	710	数日たって。	622	性格が偏屈である。	656		
取材をした。	805	少ない。	299	生活がやっていける。	1041	## た	
受賞した。	930	すぐ終わります。	422	清潔。	495	タービンを焼く。	
出勤する。	16	すぐに行きます。	285	成算がない。	441	※点心の一種	777
出世する。	570	すぐに行きます。(私は)	323	生産に勤しむ。	214	体温をはかる。	801
主役になる。	995	すごい！	1150	せかすな。(彼を)	349	大学で学ぶ。	234
手話をする。	598	すごく面白い。	491	背が高い。	272	退屈でたまらない。	952
順調。	464	すごくかわいい。	491	背が伸びる。	538	太鼓判を押す。	1115
準備しなさい。	27	少しお待ち下さい。	975	咳が出ますか？	91	大差ない。	163
準備を整える。	336	少しきつい。(服などが)	727	責任がある。	320	大した腕前だ。	750
情がある。	427	涼みに行く。	712	責任能力がある。	833	大した腕前である。	852
状況次第です。	143	スタートしたばかり。	911	セクシー。	1135	大したもんだ！	494
正直に言うと。	146	ずっと安心。	759	セッティングをする。	336	大丈夫。	438
正真正銘である。	440	ずっとよくなった。	467	絶妙！	515	退職しました。	728
消息を尋ねた。	805	ストーブをつける。	305	背の高さはどの位ですか？(彼の)	575	大体同じ。	163
冗談を言う。	78	すねる。	665	ぜひ行って下さい。	1186	大胆に言う。	578
情にもろい。	1018	スネをかじる。	544	先見力がある。	531	大変すばらしい。	557
商売がうまくいく。	1031	ずば抜ける。	1086	先陣を切る。	1177	大変。	344
商売をする。	742	すばらしい！	228	洗濯物を干す。	984	大変貌をとげる。	968
上品ですがすがしい。	1118	すばらしい！	516	先手を打つ。	716	大変申し訳ない。	609
上品に。	1101	すばらしい！(演劇・スポーツ等で使用)	696			逮捕される。	959
醤油を入れる。	739	すばらしい。	557	## そ		耐えられない。	199
食事をしない。	2	すばらしい。	1086	そう、その調子！	367	耐えられない。(体力的に)	418
食事をする。	1071	すばらしい。(けなす時にも使用)	616	そうかもしれない。	611	倒れそうだ。	489
食堂で食べる。	490	すばらしい出来栄えだ。	428	相談した。	225	高いナ！(値段が)	249
食欲をそそる。	869	全て正しいとは限らない。	363	そうでしょう？	316	高をくくる。	1039
しらける。	935	全てに精通していない。	627	そうでしょうか！	414	長けている。	1083
知りません。	573	ズボンをはく。	147	そうです。(私が)	454	凧を揚げる。	733
素人。	207	スマート。	636	そうです。(私も)	1174	確かではない。	499
白目をむく。	647	すみません。	32	そうですとも！	317	確かによい。	278
しんがりを務める。	862	ズルい。	1028	相当よい。	537	訪ねる。(彼を)	447
信義を重んじる。	1052			そうとは思えない。	1155	ただ気を揉むばかり。	599
信仰心がある。	310			俗に言う。	139	正しいとは限らない。	363
信じない。	236			底が浅い。	891		
信じやすい。	1064			そそっかしい！	610		
親戚廻りをする。	781			そっと。	591	ただ読むばかり。	757

立ち止まった。	256	**ち**		つきあいがある。	848	（拒否を表す）	308
立ち退かせなければならない。	1091	知恵がある。	1191	着きましたか？	61	転勤する。	925
立場では。(私の)	280	力いっぱい引っ張る。	141	着きます。	240	天狗になる。	708
立て替えましょう。(あなたのために)	1027	力が大きい。	374	月見に行く。	731	伝言する。(彼に)	607
例えて言うと。	247	力になる。	1112	続けてする。(途切れていたものを)	612	転職した。	1029
楽しい。	976	着実である。	1063	続けよう！	77	天真爛漫な。	601
タバコ吸いますか？	48	チャラにする。	1022	つっけんどんにする。	836	天のみぞ知る。	579
食べ飽きた。	839	ちゃんと準備しなさい。	27	ツテがある。	698	展覧会をする。	707
食べきれない。(量が多すぎて)	189	ちゃんとセッティングをする。	336	唾を吐く。	653	電話がかかってくる。	106
食べさせる。(彼に)	542	ちゃんとやる。(土木的事業を)	215	つま先立ちをする。	987	電話がつながる。	107
食べたくない。	50	忠告をする。(彼は私に)	309	つまらない。	1156	電話をかける。	105
食べていない。	71	注射をしましょう。	195	爪を咬む。	353	電話を切る。	108
食べてはいけない。(有毒・衛生状態が悪くて)	190	注目される。	942	**て**		電話をつなぐ。	107
食べ慣れない。	191	調査をする。	523	程度が高い。	484	**と**	
食べるものがある。	594	調子に乗るな。	1050	手がかりがある。	1199	ドアをきっちり締める。	291
騙されるな。	342	ちょうどいい。(それは)	1078	出かけ際に。	159	と言うことは。	618
騙していない。(君を)	694	長男（長女）です。(私は)	411	出かけます。(私は)	67	トイレに行く。	924
たまらない。	804	ちょっと味わってみる。	565	手が届く。	1051	どういたしまして。	99
試してみる。	188	ちょっとお願いします。	273	手紙を書いている。	178	どういたしまして。	509
試しにあたってみる。	842	ちょっと数えてみる。	333	出来上がり！	1165	どういたしまして。	608
ダメだよ。(北京語)	1058	ちょっと比べる。	477	出来栄えがいい。	428	どうかお許し下さい。	269
ダメです！	435	ちょっと地味。	763	できる相談じゃない。	1129	どうかしてるんじゃないの。	1132
ダメですか？	36	ちょっと話し合った。	535	出来るだけ行く。	109	同感です。	1197
たらいまわしにする。	865	ちょっと待って。	87	出しゃばり。	684	道義に欠けている！	703
足りますか？	233	ちらほら。	785	手伝ったことがアダになる。	888	どうしたの？	21
だるい。	790	**つ**		徹夜する。	284	どうしていいでしょうか！	435
誰かー、来てー！	943	ついて行きます。(あなたに)	451	手に入れる。	1178	どうしても来ない。	506
誰が言ったのですか？	574	ついでに買う。	354	手に負えない。	1180	どうしても行かなくてはならない。	1158
誰かいますか？	314	通じない。	1146	手抜きしないで。	1140	どうして知っているでしょうか？	573
誰でも結構です。	543	通知を出す。	1002	手放せない。	1057	どうしよう？	5
誰のもの？	7	通訳になる。	505	手ぶらで行く。	780	同情して力になる。	1112
誰もかまってくれない。	263	使うものがない。(お金、時間)	559	出前を取る。	922	どうしようもない。	344
誰も知らない。	579	疲れが取れない。	928	手間が省ける。	744	当然です。	387
誰をお訪ねですか？	271	疲れたでしょ？	582	手まねをする。	598	どうぞお帰り下さい。	994
短気をおこす。	665			デリカシーがない。	1060	どうぞおかまいなく。	270
誕生日を祝う。	356			テレビを見る。	168	どうぞお気をつけて！（お帰り下さい）	492
堪能である。	1083			手渡す。(彼に)	337		
				手渡す。(あなたに)	261		
				手を挙げて下さい。	720		
				手をおろして下さい。	721		
				手を離す。	368		
				手を横にふる。			

201 日本語索引

どうぞお並び下さい。	999	とてもきれい。	553	る。	846	難関を突破して出せする。	955
どうぞ座って下さい。	49	とても詳しい。	496	飛びあがる。	287	何歳ですか。	224
灯台下暗し。	906	とても個性的だ。	1026	飛び回る。	997	何時ですか？	239
どうですか？	1	とても孤独。	528	土木的事業をちゃんとやる。	215	軟弱である。	479
どう読むの？	42	とても盛んである。	809	友達がいがある。	844	なんていいんだろう！	1185
道理がある。	326	とてもさばけている。	637	とりあえず片付けろ。	1090	なんでもありません。	44
遠出ですよ。	620	とても寂しい。	738	取り消した。	752	なんでもない。	64
遠出をする。	990	とても斬新。	938	取りに行く。(私が)	3	なんと言いますか？	24
遠回し。	1066	とても残念だ。	514	どれがいいですか？	223	なんと偉大な！	201
通り過ぎる。	169	とても邪魔。	977	どれくらい距離がありますか？	95	なんとまぁ！	512
度が過ぎる。	953	とても順調。	464	どれとどれ？	519	何日間かかりますか？	292
特色がある。	1196	とても親切。	521	とんでもございません！	485	何日ご滞在ですか？	403
特別扱いをする。	895	とてもスカッとした。	838	**な**		何人ですか？	38
得をする。	1024	とてもすばらしい！(演劇・スポーツ等で使用)	696	内科を受ける。	724	何年生ですか？	110
とことん頑張る。	1131	とてもすばらしい。	406	泣いた。(彼は)	183	なんのこと？	53
どこにあるの？	10	とてもズルい。	1028	長さ5メートル。	298	何曜日ですか？	90
どこにいるの？	10	とてもセクシー。	1135	流し目を送る。	641	**に**	
どこに応募したの？(大学などの)	771	とても楽しい。	976	仲たがいをする。	104	握り拳で頭をぶつ。	644
どこへ行くの？	13	とても手間が省ける。	744	仲たがいをする。	664	憎らしい。	718
年上です。	117	とても憎らしい。	718	泣き言をならべる。	829	ニコニコ笑う。	226
土地ころがしで儲ける。	908	とても熱意がある。	1172	なくなった。	23	2歳年上です。	117
どちらでもよい。	692	とても発達している。	809	殴られた。	443	虹が出た。	755
トチる。	1103	とてもびっくりした。	134	名残惜しい。	737	日常茶飯事。	1036
とっくに来ている。	313	とてもひどい。	406	なぜですか？	22	日光浴をする。	220
とっくに知っている。	420	とてもひどい。(病気、災害などが)	277	なつかしい。	460	2人前下さい。	382
とっても重い！	355	とてもまじめだ。	161	なってない。	254	入院した。	258
とっても恋しい。	1162	とても耳ざとい。	749	納得できない。	949	ニュースをねつ造する。	1159
とてもいい！	31	とても役立つ。	776	夏休みになる。	480	人気がある。	437
とても忙しい。(私は)	75	とても優しい。	433	何言ってんだい！	831	人気がある。	915
とても忙しい。(時間的に緊迫して)	456	とてもやっかいである。	633	何か用がありますか？	26	**ぬ**	
とても羨ましい。	753	とても豊か。	439	何を恐れようか。	205	盗み食いをする。	730
とても嬉しい。	182	とてもユニーク。	760	何を探してるの？	34	濡れ衣を着せられる。	871
とてもおかしい。	719	とても良い。	329	何をするの？	37	濡れネズミ。	705
とてもおこがましい。	634	どなたにご用ですか？	40	何を食べる？	14	**ね**	
とても穏やかである。	433	どの位の重さですか？	449	鍋のフタを開ける。	778	値上がりした。	823
とてもかわいそう。	717	どの事ですか？	41	生意気だ。(君は)	446	願いごとに耳をかさない。(プライベートな)	687
とても変わっている。	972	とばっちりを受け		生で食べられる。	754		
とてもきれい。	495			並んで下さい。	999	値下がりした。	824
				成り行きを見る。	1038		
				なるほど！	365		
				なるようになるさ！	1151		
				慣れました。	15		

値段が高いナ！	249	話し合った。	535	人に嫌がられる。	670	不満な口ぶりを示す。	683
値段交渉をする。	1121	話し続ける。	507	人のあしもとを見る。	814	ふられた。	1015
寝違える。	1182	話してもらう。（彼に）	532	人のせいにする。	958	ブランドをつくる。	950
熱意がある。	1172	話にならない。	858	一回りする。	218	振り返って見る。	1139
寝坊する。	923	話に花が咲く。	1006	一回り走る。	799	振り込みました。	1033
眠たい。（私は）	423	話すのが上手。	128	人をあざける。	184	プリントを配る。	1009
眠った。	615	鼻につく。	670	人を迎えに行く。	466	ふるいにかける。	885
眠れなかった。	421	はなはだしい。	628	日の目を見る。	892	震える。	773
年季を入れる。	558	鼻水をながす。	476	批判する。（彼を）	425	ブレーキを踏む。	1014
年齢が若い。	65	早いよ！	416	暇がある。	304	雰囲気をつくる。	904
		早く来なさい！	58	暇つぶしをする。	843	分をわきまえる。	661
の		早くてよい。	481	冷や飯を食わせる。	907		
農業をする。	989	早くよけなさい！	60	病気になる。	151	**へ**	
能力がある。	374	払います。（私が）	384	病気をみてもらいに行く。	357	ヘソを曲げる。	664
能力がある。	540	張り合う。	1042			勉強する。	588
喉がいい。	415	晴れました。	196	評判がいい。	377	便宜を図る。	1113
喉がかわいた。	381	バレる。	1032	ピリオドを打つ。	890	変更した。	545
のぼってくる。	561	場をおさめる。	919	ピリッと破った。	546	返品したいのですが。	969
飲みくだす。	306	番狂わせ。	868	ひりひり。	786		
飲みほした。	165	晩ご飯を食べる。	19	広くした。（道などを）	965	**ほ**	
のん気。	1095	半年周予約をする。	364	ひんしゅくをかう。	1187	報告をする。	156
				ピンチを切り抜けた。	701	防水。	567
は		**ひ**		ピンとこない。	1056	ほおずりをする。	227
パーフェクト。	916	比較的忙しい。	468			ボーッとする。	1021
はい上がってくる。	561	ピカピカとしている。	784	**ふ**		ぼかぼか。	789
入ってきなさい。	112	ひがむ。	656	風格がある。	529	保険に入る。	1065
入る余地がある。	288	引合わない。	632	風水をみる。	1067	保守的。	845
バカだ。	552	引き受けかねる。	903	不機嫌な顔になる。	909	ボタンをはめる。	124
バカな。	1074	引き受けられない。	870	複雑！	501	ポツンとしている。	783
はかり売り。	391	引き返す。	431	服を作る。	130	骨がおれない。	745
バカを言うな！	1081	非常に辛い。	386	老けてみえる。	412	ほめすぎです。	408
バカをみた。	394	ひっくり返る。	704	ふさわしくない。	446	ホラを吹かないで！（あなた）	359
馬脚をあらわす。	675	びっくりした。	134	不思議！	250		
白状します。	1099	引っ越した。	497	不思議な。	1084	ボランティアをする。	867
迫力がある。	638	ぴったりだ。	68	ふつうである。	970	本当にいきである。	636
離してよ！	1082	ヒットする。（映画・劇等が）	1184	ぶつかって負傷する。	800	本当に得がたい。	635
始めましょう！	18			プッと唇をとがらせる。（不満、怒りを表す）	651	本当にエレガントだ。	810
恥をかく。	602	必要はない。	1171			本当におせっかい！	1055
恥ずかしい。	1120	ひどい。	804			本当にカッコイイ！（君は）	631
恥ずかしがらない。	603	ひどい目にあう。	779	懐が寒い。（お金がない）	663		
はずれた。	1160	ひどい目にあった。	702			本当にがんこ。	625
バツが悪い。	1043	人が少なくなった。	513	不服である。	851	本当に気に入っています。	764
ハッキリ言えない。	624	一癖も二癖もある。	679	不便だ。	80		
ハッキリさせる。	917	一つ少ない。	299	普遍的である。	970	本当に厳しい。	
発達している。	809	一つとみなす。	482				
ハッとわかる。	549	一通り話す。	445				
花が散った。	257						
話さないように。	572						

203 日本語索引

（あなたは）	231
本当に困る。	628
本当に失礼だ！	703
本当にすばらしい。（君は）（けなす時にも使用）	616
本当にスマート。	636
本当につまらない。	1156
本当にバカだ。	552
本当にはなはだしい。	628
本当に複雑！	501
本当に不思議！	250
本当に間が悪い。	318
本当に安い！	59
本当によく勉強する。	588
本当の話をする。	388
ほんの気持ちです。	379
本屋をぶらつく。	682
本を買いに行く。	297
本を開く。	194

ま

まぁまぁである。	606
まぁまぁです。	1003
まぁまぁです。	520
参った。	709
前向きに考える。	685
真顔になる。	909
任す。（あなたに）	261
任せろ。（おれに）	1053
曲がる。（南へ）	97
まさか！	414
ましだ。（私よりも）	113
まじめだ。	161
まじめに。	1098
マスターした。	409
マスターできる。	556
まずとりあえず、このままにしておこう。	1068
混ぜ合わせる。	774
また後で会おう！	149
まだお腹は空きません。	39
また来た。	102
またそのことか。	102
まだ食べていない。	71
またにしよう。	1054
またはずれた。	1160
まだ早いよ！	416
まだまだです。（誉められた時）	508
間違いがない。	243
間違いゼロ。	916
間違うはずがない。	174
間違えた。	221
間違った道に入る。	699
待ちくたびれた。	577
まっすぐ行く。	96
まったくお人好し。	639
まったく、その通り。	70
まったくだ！（不快、不満）	614
待て！	1089
学べ。（彼に）	232
間に合う。	180
間に合うことができる。	511
間に合わせる。	1059
真に受けるな！	455
まもなく着きます。	240
眉をしかめる。	646
満足です。	762
満は損を招く。	677

み

見えない。	198
見栄をはる。	793
見栄をはる。	840
右向け右。	796
見込みがある。	242
水くさいな。	803
水の泡となる。	893
水をさすな。（話や仕事の）	659
見たことがない。	54
見たところ。	138
道案内をする。	605
道に迷った。	713
道を尋ねる。	175
道を横切る。	296
三日間行く。	252
見てよかった。（無駄ではなかった）	672
見どころがある。	570
見どころがある。（芝居、映画、観光地等）	463
認めない。	366
みなさん、おはよう！	73
皆さん話しましょう！	315
南へ曲がる。	97
身につけていない。	129
見逃さないで。	939
みはからって買う。	395
耳打ちする。	830
耳ざとい。	749
耳をそばだてて聞く。	649
魅力がある。	807
見る価値がある。	459
見分けがつかない。	527
みんな来た。	6
みんな来たわけではない。（一部来なかった）	253
みんな私のせい。	321

む

迎えに行く。	466
昔なじみ。	671
むかつく。	1061
むかつく。	1070
無茶苦茶だ。	471
夢中。（彼女に）	940
夢中になっている。	1094
むなしい。	504
無理をしないで。	370

め

メーターを倒してください。（タクシーで）	980
メガネをあつらえる。	312
めがねをかける。	118
目からうろこ。	1190
目覚ましをかける。	690
召し上がれ！	101
珍しい。	960
めそめそする。	654
めちゃくちゃになった。	770
目に見えてはっきりしている。	555
眼の保養になる。	1183
メモをとる。	1004
メモを残す。	581
目を覚ましなさい。（君）	587
面子を重んじる。	500
面倒が起きる。	954
面目をなくす。	405

も

もういいや。	1105
もう言わないで。	630
申込む。（私が）	568
申し訳ない。	609
もうちょっと上品に。	1101
もうやめましょう。	448
もう話題にしないで。	630
モタモタしないで。	689
持ちあわせてない。	129
持ち帰りにしてください。	934
持ち場につく。	964
もったいない。	737
持って来て！	426
持って出て行く。	25
もっとまじめに。	1098
モテない。	192
ものの数に入らない。	761
物わかりが悪い。	1060
もみ消した。	826
もらう。（彼に）	566
問題はない。	57

や

やぁ、こんにちは！	120
焼いて食べる。	988
やきもちを妬くな。	400
約束します。	1079
約束を破ったね。	1023

役立たない。	504	夢をみた。	339	ら		わかりにくい。	1066		
役立つ。	776			雷鋒に学べ。	216	わかりにくい。	1164		
役に立つ。	373	よ		楽じゃない。	700	わかりました。	448		
野菜を作る。	132	よいところがある。	798			わかりました。			
優しい。	433	よいものを選ぶ。	358	り		（承知しました）	88		
優しくなだめる。	854	用がありますか？	26	離婚する。	864	別れる。	864		
養える。	1179	ようこそ！	9	理想がある。	541	脇役に徹する。	1144		
安い！	59	要領が悪い。	1030	利点がある。	798	わけがある。	1194		
やっかいである。	633	夜が明けた。	29	李とは申しません。	583	分けられない。	660		
やっと眠った。	615	予感がする。	1198	流行を追う。	498	わざとする。	1044		
病み付きになる。	937	よくなった。	210	猟犬を飼う。	734	忘れたの？	28		
やめにしましょう。	350	よくなった。	467	料理が冷めた。	324	話題にしないで。	630		
やめましょう。	448	よくなってくる。	100	料理を選んで下さい。	469	話題になる。	942		
やり過ごす。	1041	よく眠れなかった。	421	リラックスして。	971	わだかまりがある。	861		
やり続ける。	1181	欲張るな！	79			私が払います。	913		
やり手だ！	1161	よく勉強する。	588	れ		私に聞かせて。	1126		
やり通すことが出来る。	343	よけて通る。	743	礼儀正しい。	245	私に言って。	483		
やる気がある。	1136	よけなさい！	60	レストランで食べる。	586	私に下さい。	111		
		予言的中。	847	レベルが高い。	181	私の後について言って。	483		
ゆ		予想が出来ない。	186			私の考えによると。	279		
憂鬱である。	1000	読み終えていない。	179	ろ		私のせい。	321		
勇気がある。	539	読むばかり。	757	ロマンチックだなぁ。	1010	私も行く。	52		
夕食を作る。	166	予約をする。	364			私よりもまし だ。	113		
郵送して下さい。	393	よろしく。（彼に）	576	わ		笑いものになる。	602		
有能である。	569	よろしくお願いします。	1019	賄賂を受けない。	688	割り勘にする。	912		
有名になる。	303	世論をつくる。	904	わかった。	119	割に合わない。	632		
ユーモアがある。	817	呼んできて！（彼を）	361	わかっています。	1106	割引ができます。	1169		
豊か。	439	4倍になる。	961	わがままな。	665	悪いようにはしない。	1175		
ゆっくりやりなさい。	595			わからずや。	625	悪く思わないで。	424		
ユニーク。	760								

著者紹介

林　修三（はやし　しゅうぞう）

1952年　大阪府枚方市に生まれる。
　　　　京都産業大学中国語学科卒業。
1978～1986年　香坂順一氏主催の中国語講習会「愚公会」にて講師。
1980年、81～82年　「北京語言学院」留学。
1986年　現代中国語センター有朋塾創立、代表。
1997年より甲南大学非常勤講師。
著書に『「三文字」学習法シリーズⅠ・Ⅱ・Ⅲ・改訂版』（有朋塾）
　　　『三文字式　はじめての中国語会話』（日本実業出版社）がある。

中国語吹き込み

呉　志剛／陳　淑梅

三文字エクササイズ中国語 1200
──伝わる！使える！三文字会話・フレーズ集　（MP3CD付）

2015年 9月20日　初版第 1 刷発行
2019年 5月20日　初版第 2 刷発行

著　者●林　修三
発行者●山田真史
発行所●株式会社東方書店
　　　　　東京都千代田区神田神保町1-3　〒101-0051
　　　　　電話 03-3294-1001　営業電話 03-3937-0300

組　版●小川義一
装　幀●冨澤　崇（EBranch）（c）：ピクスタ
本文デザイン●大田真一郎（Footwork Design）
本文イラスト●小島サエキチ
印刷・製本●モリモト印刷株式会社

定価はカバーに表示してあります。

Ⓒ 2015　林　修三　　　Printed in Japan
ISBN978-4-497-21511-6 C3087
乱丁・落丁本はお取り替え致します。恐れ入りますが直接本社へご郵送ください。
Ⓡ本書を無断で複写複製（コピー）することは著作権法上での例外を除き、禁じられています。本書をコピーされる場合は、事前に日本複製権センター（JRRC）の許諾を受けてください。
JRRC（https://www.jrrc.or.jp　Eメール：info@jrrc.or.jp　電話：03-3401-2382）
小社ホームページ〈中国・本の情報館〉で小社出版物のご案内をしております。
https://www.toho-shoten.co.jp/

好評発売中

すらすらさくさく
中国語中級ドリル 1000

林松濤・謝辰著／すらすら訳してさくさく作文！　"是〜的"文、"了"、"又"と"再"、呼応表現など、36のポイントにしぼった和文中訳・中文和訳ドリル1000問。… A5判208頁◎本体1800円＋税　978-4-497-21901-5

中国語筋トレ100読練習法
（MP3CD付）

木本一彰著／2分程度の文章を100回ずつ読み、中国語を「音」として覚え込む。発音、四声をピンイン文で徹底チェック。新聞記者である著者のエッセイ45編。… A5判208頁◎本体2400円＋税　978-4-497-21509-3

長文読解の"秘訣"
マオ老師の中国語エッセイで楽しく学ぼう（新装改訂版）

毛丹青・佐藤晴彦著／マオ・タンセイ先生のエッセイを教材として、ハルヒコ先生が長文読解の"秘訣"――「ツボ」「コツ」を懇切ていねいに解説。………… A5判296頁◎本体2200円＋税　978-4-497-21904-6

動詞・形容詞から引く
中国語補語 用例20000

侯精一・徐枢・蔡文蘭著／田中信一・西槙光正・武永尚子編訳／常用の動詞・形容詞を見出し語とし、補語との組み合わせ約2万例を収録。………………………………… A5判640頁◎本体2700円＋税　978-4-497-21505-5

東方書店ホームページ〈中国・本の情報館〉https://www.toho-shoten.co.jp/